Michael Sowada

Medienkompetenz als Rettungsanker der Bildung?

Pädagogik und Journalismus vor
neuen Aufgaben in der Wissensgesellschaft

Diplomica Verlag GmbH

Sowada, Michael: Medienkompetenz als Rettungsanker der Bildung? Pädagogik und
Journalismus vor neuen Aufgaben in der Wissensgesellschaft.
Hamburg, Diplomica Verlag GmbH 2013

Buch-ISBN: 978-3-8428-9255-2
PDF-eBook-ISBN: 978-3-8428-4255-7
Druck/Herstellung: Diplomica® Verlag GmbH, Hamburg, 2013

Bibliografische Information der Deutschen Nationalbibliothek:
Die Deutsche Nationalbibliothek verzeichnet diese Publikation in der Deutschen
Nationalbibliografie; detaillierte bibliografische Daten sind im Internet über
http://dnb.d-nb.de abrufbar.

Das Werk einschließlich aller seiner Teile ist urheberrechtlich geschützt. Jede Verwertung außerhalb der Grenzen des Urheberrechtsgesetzes ist ohne Zustimmung des Verlages unzulässig und strafbar. Dies gilt insbesondere für Vervielfältigungen, Übersetzungen, Mikroverfilmungen und die Einspeicherung und Bearbeitung in elektronischen Systemen.

Die Wiedergabe von Gebrauchsnamen, Handelsnamen, Warenbezeichnungen usw. in diesem Werk berechtigt auch ohne besondere Kennzeichnung nicht zu der Annahme, dass solche Namen im Sinne der Warenzeichen- und Markenschutz-Gesetzgebung als frei zu betrachten wären und daher von jedermann benutzt werden dürften.

Die Informationen in diesem Werk wurden mit Sorgfalt erarbeitet. Dennoch können Fehler nicht vollständig ausgeschlossen werden und die Diplomica Verlag GmbH, die Autoren oder Übersetzer übernehmen keine juristische Verantwortung oder irgendeine Haftung für evtl. verbliebene fehlerhafte Angaben und deren Folgen.

Alle Rechte vorbehalten

© Diplomica Verlag GmbH
Hermannstal 119k, 22119 Hamburg
http://www.diplomica-verlag.de, Hamburg 2013
Printed in Germany

Inhaltsverzeichnis

Inhaltsverzeichnis 1

Abbildungsverzeichnis 4

Tabellenverzeichnis 5

1 Einführung 7

    1.1 Motivation und Hinweise 7

    1.2 Kontext des Untersuchungsfeldes 10

    1.3 Aufgabenstellung und Thesenformulierung 12

    1.4 Konzept und Methoden 15

    1.5 Vorgehensweise 17

2 Teilbereiche der Wissensgesellschaft 19

    2.1 Wissen und Wissenschaft 19

    2.2 Wirtschaft 24

    2.3 Politik 27

    2.4 Medien 30

    2.5 Kultur 33

3 Der Wandel sozialer Systeme in der Wissensgesellschaft 36

    3.1 Pädagogik 36

        3.1.1 Ökonomisierung des Bildungssystems 36

        3.1.2 Entgrenzungen 40

        3.1.3 Neue Lernkultur 42

        3.1.4 Bildung in der Pädagogik 46

3.2 Journalismus 50

    3.2.1 Verlust des Informationsmonopols 50

    3.2.2 Entgrenzungen 54

    3.2.3 Multimediale Berichterstattung 58

    3.2.4 Bildung im Journalismus 61

4 Grundlegende Berührungspunkte 65

    4.1 Gesellschaftlicher Auftrag 65

    4.2 Kommunikation 67

    4.3 Didaktik 68

5 Arbeitstechnische Berührungspunkte 73

    5.1 Vermittlung 73

    5.2 (Online-) Recherche 76

    5.3 Moderation 79

6 Thematische Berührungspunkte 84

    6.1 Medienpädagogik 84

    6.2 Nutzwertjournalismus 86

    6.3 Informationspädagogik 88

    6.4 Bildungsjournalismus 91

7 Drei-Phasen-Modell der Bildung 93

    7.1 Digitalisierung der Allgemeinbildung (Phase I) 93

    7.2 Neue Bildungskultur (Phase II) 96

    7.3 Erweiterung des Bildungsbegriffs (Phase III) 99

8 Fazit 102

Literaturverzeichnis 105

Anhang **114**

1 Interview mit Nina Braun, Bildungsjournalistin 114

2 Interview mit Marco Fileccia, Lehrer und Autor 120

3 Interview mit Dr. Martin Bernhofer, Leiter Hauptabteilung

„Bildung, Wissenschaft, Gesellschaft" der ORF-Radios 126

Abbildungsverzeichnis

Abb. 1: Teilbereiche der Wissensgesellschaft (Mind-Map) 35

Abb. 2: Soziale Systeme in der Wissensgesellschaft (Mind-Map) 64

Abb. 3: Grundlegende Berührungspunkte (Mind-Map) 72

Abb. 4: Arbeitstechnische Berührungspunkte (Mind-Map) 83

Tabellenverzeichnis

Tab. 1: Erwerbstätige nach Wirtschaftssektoren 26

Tab. 2: Datenblatt zur Befragung „Partnerbetriebe für jede Schule in NRW" (I) 38

Tab. 3: Datenblatt zur Befragung „Partnerbetriebe für jede Schule in NRW" (II) 38

Tab. 4: Vergleich Herkömmliche Lernkultur – Innovative Lernkultur 45

Tab. 5: Wissen und Kompetenzen in der Wissensgesellschaft 48

Tab. 6: Externe Grenzen gegenüber anderen Kommunikationsformen 56

Tab. 7: Interne Grenzen zwischen journalistischen Subsystemen 57

1 Einführung

1.1 Motivation und Hinweise

Vor rund eineinhalb Jahren wechselte ich von der Universität Trier an die Gutenberg-Universität Mainz. Ein Standortwechsel, der es mir ermöglichen sollte, zum einen das Wahlpflichtfach Medienpädagogik belegen zu können und zum anderen meinem Berufsweg durch unterschiedliche Praktika näher zu kommen. Zum Zeitpunkt meines Wechsels waren meine beruflichen Vorstellungen sehr vage. Ich wusste nur, dass ich gerne etwas im Medienbereich machen möchte. Ein loser Wunsch, den Berufsberater heutzutage sicherlich oft zu hören bekommen. Durch eine Aushilfstätigkeit in der Fachredaktion Jugend und Bildung der Universum Kommunikation und Medien AG[1] begann ich mich für den Journalismus zu interessieren. Ein paar Monate zuvor hatte ich bereits damit begonnen, kürzere Texte zu verfassen, sodass ich dieses aufkeimende Interesse als logische Folge empfand, kurzum: Ich hatte einen echten Anhaltspunkt gefunden, was meine beruflichen Ziele angeht. Ich erhielt ein Praktikum bei der Tageszeitung Frankfurter Neue Presse, wo ich die Grundlagen des journalistischen Arbeitens kennenlernte. Im Anschluss daran absolvierte ich zwei Praktika bei der Verlagsgruppe Rhein-Main im Online-Desk und bei der Allgemeinen Zeitung. In beiden Bereichen bin ich heute als Aushilfe beziehungsweise freier Mitarbeiter tätig. Ich habe meine Prinzipien, Ideale und Werte, die mich einst zur Pädagogik führten, nicht ad acta gelegt, sondern meine grundlegende Einstellung lediglich auf ein anderes berufliches Segment projiziert. Aufgrund dieser journalistischen Tätigkeiten während meines Studiums begann ich darüber nachzudenken, welche konkreten Verbindungen es zwischen der Pädagogik und dem Journalismus geben könnte. Als zusätzliche Motivation diente diesbezüglich, dass ich bei vielen Kommilitonen und Berufstätigen häufig auf Unverständnis stieß, wenn ich von meinem Pädagogik-Studium und meinem Berufswunsch Journalist erzählte. Obwohl viele Journalisten kein klassisches Journalismus-Studium absolviert und stattdessen Studiengänge wie Jura, Biologie, Betriebswirtschaft oder geisteswissenschaftliche Fächer wie Germanistik, Geschichte oder Philosophie belegt

---

[1] Hier werden Unterrichtsmaterialien sowie interaktive und multimediale Internetangebote entwickelt. Zudem führt die Fachredaktion Veranstaltungen, Fortbildungen und vielfältige Kommunikationsmaßnahmen durch (Quelle: http://www.universum.com/jugend%2Bbildung; abgerufen im Internet am 24.02.2012).

haben (Vgl. Meyn, 1999: 275), scheint der Gang aus der Geisteswissenschaft Pädagogik in den Journalismus für manche Menschen nicht nachvollziehbar. Dabei lässt bereits die oberflächliche Betrachtung der beiden Disziplinen erahnen, dass jene durchaus Parallelen miteinander aufweisen. Die klassischen Tätigkeiten eines Pädagogen sind häufig mit Verben wie „helfen", „unterstützen" und „gestalten" verbunden. Der Pädagoge hilft Menschen, die in Not geraten sind. Der Pädagoge unterstützt Menschen bei der Bewältigung von Problemen jeder Art. Der Pädagoge gestaltet den Rahmen, in dem Hilfe und Unterstützung am ehesten ihren Zweck erfüllen können. Diese Tätigkeiten lassen sich gewiss nicht eins zu eins auf die tägliche Arbeit eines Journalisten übertragen, aber es gibt durchaus Eckpunkte, die es erlauben, Parallelen zwischen den beiden Berufen zu ziehen. Sowohl der Pädagoge als auch der Journalist üben einen kommunikativen Beruf aus und verfolgen eine Vermittlungsabsicht. Zudem lässt sich hinzufügen, dass sich die oben skizzierten klassischen pädagogischen Tätigkeiten in bestimmten Situationen auch auf den Journalismus übertragen lassen. Für Journalisten ergeben sich nämlich durchaus Gelegenheiten, Menschen mit gestalterischen Mitteln - in Form von Zeitungsartikeln - zu helfen und sie beispielsweise in deren Interessen gegenüber einflussreichen Unternehmen zu unterstützen. Als Pressevertreter hat man, vor allem gegenüber Unternehmen, eine gewisse Handhabe, die es einem ermöglicht, „Mißstände in der Gesellschaft aufdecken und kritisieren zu können" (Meyn, 1999: 282). Es mag vielleicht etwas plakativ und ideologisch klingen, aber der Journalismus bietet durchaus auch die Möglichkeit, seinem persönlichen Sinn nach Gerechtigkeit und Wahrhaftigkeit Genüge zu tun.

Auch im Hinblick auf die eingesetzten Instrumente können Parallelen zwischen den beiden Disziplinen ausgemacht werden. In vielen Bildungsinstitutionen sind mittlerweile mediale Hilfsmittel als Ergänzung zum herkömmlichen Unterricht integriert. Auch im Online-Journalismus werden medientechnische Mittel wie Bild, Audio und Video eingesetzt. Es ist unmöglich, Medien zu ignorieren oder in ihrer Bedeutung herunterzuspielen, denn jedes in dieser Gesellschaft befindliche soziale System, und darunter zählen auch die Pädagogik und der Journalismus, sind in irgendeiner Art und Weise von Medien durchsetzt. In welcher rasenden Geschwindigkeit die mediale „Machtergreifung" vonstatten geht, zeigt das Beispiel des weltweit größten sozialen Netzwerkes

Facebook, dessen Nutzerzahlen seit seiner Gründung 2004 innerhalb von rund acht Jahren auf 900 Millionen Nutzer weltweit angestiegen sind (Vgl. Stern.de, 2012[2]).

Der technische Fortschritt, dessen Auswirkungen und die damit einhergehenden gesellschaftlichen Veränderungen spielen bei der Analyse der sozialen Systeme Pädagogik und Journalismus eine erhebliche Rolle, sodass in diese Untersuchung soziologische Aspekte eingeflochten worden sind. In diesem Zusammenhang erfolgt eine Auseinandersetzung mit dem Wissen und der Wissensgesellschaft. Inspiriert durch den Aufsatz von Dr. Martin Bernhofer „Pädagogik und Journalismus: Neue Allianzen?"[3] entstand das Ziel, die Verbindung zwischen Pädagogik und Journalismus im Kontext der gesellschaftlichen Rahmenbedingungen wissenschaftlich zu untersuchen. Eine besondere Motivation bestand darin, diesem wissenschaftlichen Buch eine persönliche Note zu verleihen, indem ein eigenes Modell entwickelt wurde, das, auf die Zukunft gerichtet, einen auf Fakten basierenden, aber in seiner letzten Konsequenz spekulativen Charakter inne hat. Die oben skizzierten Überlegungen führten dazu, der Frage auf den Grund zu gehen, wie sich Pädagogik und Journalismus im Kontext des sozialstrukturellen Wandels der Gesellschaft entwickeln und welche Allianzen sie eingehen könn(t)en.

Nach ausgiebiger Literaturrecherche konnten - mit Ausnahme eines Aufsatzes von Dr. Martin Bernhofer - keine Publikationen, die sich mit konkreten Verbindungen zwischen Pädagogik und Journalismus beschäftigen, ermittelt werden. Daher soll mit dem vorliegenden Buch der Versuch unternommen werden, einen wissenschaftlichen Ansatzpunkt zu diesem Forschungsgegenstand zu liefern, der unter Umständen eine breitere Diskussion in den wissenschaftlichen Fachbereichen anregen könnte.

Bevor das Untersuchungsfeld dieser Untersuchung beschrieben und damit in den theoretischen Teil eingestiegen wird, folgen an dieser Stelle einige Hinweise zu formalen Aspekten. Um einen flüssigen Leseablauf zu gewährleisten, wird in diesem Buch in der Regel die männliche Schreibform benutzt. Um die zentralen Inhalte des jeweiligen Kapitels darzustellen, werden die prägnanten Punkte jedes Kapitels (bis auf die Kapitel 6, 7 und 8) in Form von Mind-Maps zusammengefasst. Das Thema wurde bewusst sehr offen formuliert, da im vornherein kein Fachbereich als mögliche Informationsquelle

---

[2] Abgerufen im Internet am 14.05.2012 unter http://www.stern.de/digital/computer/facebook-chronologie-1822215.html

[3] Dr. Martin Bernhofer ist Leiter der Hauptabteilung „Wissenschaft, Bildung, Gesellschaft" der ORF-Radios. Er veröffentlichte mehrere Publikationen, in denen er sich mit den Entwicklungen in Wissenschaft, Technologie, Kultur und Gesellschaft auseinandersetzte (Quelle: http://ctl.univie.ac.at/veranstaltungen/friday-lectures-ws-201011/moderatorinnen/martin-bernhofer/; im Internet abgerufen am 08.03.2012)

ausgeschlossen werden sollte. Daher enthält die vorliegende Untersuchung Quellen und Inspirationen aus diversen Fachbereichen wie Pädagogik, Journalismus, Publizistik, Medienwissenschaften, Rechts- und Wirtschaftswissenschaften, Philosophie und Soziologie.

1.2 Kontext des Untersuchungsfeldes

Die Globalisierung hat weitreichende wirtschaftliche und gesellschaftliche Folgen. Es entsteht ein weltweit gestricktes Kommunikations- und Handelsnetz, welches ermöglicht, dass Arbeitsprozesse aus der ganzen Welt miteinander verknüpft werden können. Schnelllebigkeit und Flexibilität werden zu Charakteristika globalisierter Gesellschaften, deren treibende Kräfte das Wissen und die Informationen sind. Beide bedingen sich gegenseitig, sodass diese Wechselbeziehung als Grundpfeiler einer Gesellschaft dafür sorgt, dass jene als ideologische Basis das stete Streben nach technischem Fortschritt in sich trägt. Technischer Fortschritt und Globalisierung führen zu einem Strukturwandel, der wiederum einen sozialen Wandel zur Folge hat. Die zuvor dominierende industrielle Gesellschaft und die damit verbundene materielle Güterproduktion haben sich zu einer Gesellschaftsform weiter entwickelt, die unter anderem als Wissens-, Informations- oder Dienstleistungsgesellschaft bezeichnet wird. In der vorliegenden Untersuchung wird der Begriff Wissensgesellschaft verwendet, der für die Entwicklung steht, dass sich „der Stellenwert des Wissens in modernen Gesellschaften…grundlegend ändert und zunehmend die Faktoren ablöst oder modifiziert, die bisher konstitutiv für gesellschaftliches Handeln waren und daß das Selbstverständnis einer wachsenden Anzahl von Akteuren in der modernen Gesellschaft in einem umfassenden Maße durch Wissen gefiltert und bestimmt wird" (Mittelstraß, 2000: 93). In dieser Gesellschaftsform entwickelt sich das Wissen neben Arbeit, Kapital und Natur zum vierten und gleichzeitig bedeutendsten Produktionsfaktor (Vgl. De Haan / Poltermann, 2002: 3) und wird "als Ware produziert und marktvermittelt ausgetauscht" (Buss / Wittke, 2001: 11). Die Herstellungsprozesse materieller Güter verlieren gegenüber Informationsprozessen, deren Grundlagen auf Wissen beruhen, an Bedeutung. An deren Stelle tritt das Wissen, das zur Grundlage der modernen Gesellschaft und Wirtschaft geworden ist (Vgl. Steinbicker, 2011: 20). Dies äußert sich darin, dass es immer mehr Berufe gibt, die einen tertiären Bildungsabschluss erfordern. Kennzeichnend für die Dienstleistungsgesellschaft – ein Begriff, den der amerikanische Soziologe Daniel Bell auch verwendet – ist, dass ein Großteil der Bevölkerung nicht mehr im herstellenden, sondern im tertiären Sektor arbeitet (Vgl. Bell in Osrecki, 2011: 154). Die Güterproduktion verliert mehr und mehr ihre zentrale Rolle, da die modernen Wissenschaften und Technologien in alle gesellschaftlichen Lebensbereiche und Institutionen vordringen (Vgl. Stehr, 2001: 11). Der rasante technische Fortschritt führt zu einer Veränderung des Schichtungsgefüges (Vgl. Osrecki, 2001: 155), sodass vor allem das Wissen als entscheidende Ressource darüber entscheidet, wer sich an der Spitze und wer sich am Rande dieser Gesellschaft bewegt. Durch Technologisierung und Ökonomisierung gesellschaftlicher Teilbereiche wird die Planbarkeit von Abläufen erhöht, da weder Technologie, Bildung, Wirtschaftswachstum, noch soziale Schichtung dem Zufall überlassen wird (Vgl. ebd.: 159). Anstelle des Unternehmers, der in der Industriegesellschaft als Sinnbild des Kapitalismus unangefochten an der Spitze der gesellschaftlichen Hierarchie stand, tritt nun der „politisierte Professionelle" (ebd.: 163), denn in der Wissensgesellschaft werden Unternehmerklasse, das Unternehmen und die Wirtschaft in ihrer Bedeutung abgelöst von der Wissensklasse, der Universität und der Politik (Vgl. Steinbicker, 2011: 64). Die zentrale Figur in diesem Zusammenhang ist der "Wissensarbeiter", der mit seinem theoretischen Know-how Innovationen entwickeln kann, die dem beschleunigten Wandel Rechnung tragen. Die Kompetenz, die daraus erwächst, kann als Bildung angesehen werden. Das „Handwerkszeug" des Wissensarbeiters stellen hoch entwickelte Technologien dar, die den Ausbau globaler Informations- und Kommunikationsstrukturen ermöglichen. Auf diese Weise entsteht eine weltweite Vernetzung sowohl im privaten als auch im öffentlichen Sektor. Die Wissensgesellschaft ist die konsequente Fortsetzung der Globalisierung in Form einer "verhandelten Internationalisierung der Ökonomie" (Bittlingmayer / Bauer, 2006: 328). Die Wissenschaftler und die Forschung produzieren und liefern das Wissen, welches der Taktgeber Politik, im Cockpit der Gesellschaft sitzend (Vgl. Osrecki, 2011: 159), zu strategischen Zwecken einsetzen kann (Vgl. ebd.: 163). Dieser sozio-ökonomische Wandel, wie der Soziologe Daniel Bell den gesellschaftlichen Umbruch bezeichnet (Vgl. Steinbicker, 2011: 53), betrifft Menschen in ihren Berufen als Facharbeiter, Techniker, Bürokraft oder Handwerker und die sozialen Systeme in ihrer gesellschaftlichen und arbeitgebenden Funktion gleichermaßen.

1.3 Aufgabenstellung und Thesenformulierung

Von zentraler Bedeutung für die Ausführungen in dem vorliegenden Buch ist die Hypothese, dass künftig zum einen der Journalismus pädagogische Aufgaben, wie das Selektieren von Informationen, das Schaffen von Wissensgrundlagen und die Förderung von Reflexion übernehmen könnte (Vgl. Dr. Bernhofer, 2003: 23), während sich auf der anderen Seite die Pädagogen, in erster Linie die Lehrer, an die veränderten Lernbedingungen, die eine informationstechnisch vernetzte Schule mit sich bringt, anpassen müssen. Dies könnte geschehen, indem pädagogische Lehrkräfte Aufgaben des Journalismus wie Recherche, Redaktion, Herausgabe und Moderation von Kommunikationsprozessen übernehmen (Vgl. ebd.). Eine wichtige Rolle spielt in diesem Zusammenhang der Aspekt der Entgrenzung, der beide Systeme gleichermaßen betrifft. Bildungs- und Lernprozesse finden längst nicht mehr nur in den dafür geschaffenen Institutionen statt, sondern gehören zur täglichen Praxis vor Ort - also dort, wo das Gelernte angewendet werden soll - im Betrieb und im Unternehmen. Weiterbildungsmaßnahmen wie Sprach- und IT-Kurse werden häufig betriebsintern angeboten.

Der Journalismus muss sich ebenfalls mit dem Phänomen der Entgrenzung auseinandersetzen. Gründe für das Auflösen von Grenzen sind "vor allem die Ökonomisierung, Kommerzialisierung und Einführung des Internets, also ökonomische und technische Randbedingungen" (Neuberger, 2004: 4). Das Internet, dessen Nutzerzahlen seit Anfang 2011 auf über zwei Milliarden angestiegen sind – womit etwa ein Drittel der Weltbevölkerung online ist – (Vgl. UN-Organisation für Telekommunikation, 2011[4]), ermöglicht es, dass eine nahezu undefinierbar große Menge an Informationen frei zugänglich ist. Der Online-Journalismus hat gegenüber dem herkömmlichen Medium Zeitung den Vorteil, unmittelbare Aktualität zu gewährleisten. In der vorliegenden Untersuchung werden die Pädagogik und Journalismus hinsichtlich des strukturellen Wandels in der Wissensgesellschaft näher beleuchtet. Die beiden Disziplinen werden als soziale Systeme angesehen, da in ihnen „Handlungen mehrerer Personen sinnhaft aufeinander bezogen werden und dadurch in ihrem Zusammenhang abgrenzbar sind von einer nichtdazugehörigen Umwelt. Sobald überhaupt Kommunikation unter Menschen stattfindet, entstehen soziale Systeme" (Luhmann, 2008: 210).

---

[4] Abgerufen am 11.02.2012 unter http://www.itu.int/ITU-D/ict/facts/2011/material/ICTFactsFigures2011.pdf

Die Pädagogik ist der Motor der Bildung und damit ein entscheidender Faktor, um die zentrale Ressource unserer Gesellschaft, das Wissen, qualitativ zu sichern. Der Begriff der Wissensgesellschaft impliziert bereits, dass das Wissen gemeinsam mit Information die entscheidende Variable in modernen gesellschaftlichen Entscheidungsprozessen bildet. Die Aufwertung von Wissen als strategische und Information als transformierende Ressource (Vgl. Steinbicker, 2011: 68) bedeutet zugleich eine Wertsteigerung für das, was Wissen und Information begünstigen: Bildung.

Die grundlegende Essenz des Journalismus besteht darin, Informationen zu liefern, aus denen Wissen generiert werden kann, das wiederum als Grundlage für Bildungsprozesse fungieren kann. In der Wissensgesellschaft kommt den Medien damit ein zentraler Aufgabenbereich zuteil, denn sie leisten "Kodifikation, Speicherung und Übermittlung objektivierten Wissens" (Raabe u.a., 2008: 65). Die Funktion des Journalismus besteht in der Herstellung von Öffentlichkeit (Vgl. Pöttker, 2001: 26), also in der Abbildung von Realität. Das Wissen, welches die journalistischen Akteure dazu benötigen, dient folgerichtig als Modell für Realität (Vgl. Raabe u.a., 2008: 65).

Auf der Grundlage dieser Ausführungen lässt sich behaupten, dass Pädagogik und Journalismus einen gemeinsamen Nenner haben: die Bildung. Die Leitthese dieses Buches lautet daher wie folgt:

> *Allianzen zwischen Pädagogik und Journalismus werden notwendig, um in der Zukunft Informationen und Wissen im Hinblick auf Bildungs- und Erziehungsprozesse qualitativ zu sichern, denn nur durch das Verknüpfen entgrenzter sozialer Systeme kann in einer auf Wissen basierenden Gesellschaft Orientierung geboten werden.*

Das Erlangen einer Orientierung stiftenden Grundbildung wird in unserer heutigen modernen Gesellschaft aufgrund der schier endlosen Informationsmenge und -vielfalt immer wichtiger. Eine Gesellschaft, in der Wissen als zentraler Antriebsmotor fungiert und in der demzufolge die Wissenschaft und Forschung entscheidende gesellschaftliche Positionen innehaben, unterliegt der Schnelllebigkeit und Dynamik wirtschaftlicher Prozesse. Eine Gesellschaft, die in einem wachsenden Maße von Technologie und Neuerungen abhängig wird, beinhaltet einen gefährlichen Unsicherheitsfaktor (Vgl. Bell, 1976: 42). Informationen und Wissen sind wesentliche Bestandteile des täglichen Lebens und werden so häufig ausgetauscht und aktualisiert, dass die Gefahr besteht, die

Orientierung in diesem "Informationsdschungel" zu verlieren. Daraus ergibt sich die erste Unterthese: *Die Wissensgesellschaft braucht systemgestützte Orientierungshilfen, die den Umgang mit Wissen erleichtern.*

Kennzeichnend für die Wissensgesellschaft ist, dass durch die Erfassung der „institutionellen Verfestigungen, Regelsysteme, Steuerungsregime, kulturellen Orientierungen und kollektiven Identitäten sozialer Systeme" (Willke in Engelhardt / Kajetzke, 2000: 69) jene Systeme in ihrer funktionalen Bedeutung entgrenzt werden. Der Pädagogik und dem Journalismus droht daher der Verlust ihrer jeweiligen monopolistischen Expertenstellung. Die zweite Unterthese lautet daher: *Um den Fortbestand ihres professionellen Systems in der Wissensgesellschaft zu gewährleisten, müssen die Pädagogik und der Journalismus ihre Arbeitsweisen und Strukturen neu konzipieren.*

Um Bildung erlangen zu können, muss der Zugang zu Wissen gewährleistet sein. Allerdings besteht die Gefahr, dass dieser wachsende Zugang zu Wissen und die Handlungschancen, die sich dadurch ergeben, nicht gleichmäßig verteilt sind, beziehungsweise nicht zu einer Gleichverteilung der Handlungsmöglichkeiten führen (Vgl. Mittelstraß, 2000: 97). In diesem Fall wird der Graben tiefer zwischen denen, die sich Wissen aneignen und somit neues Wissen generieren können, und denen, die keinen Zugang zu grundlegendem Wissen haben, und somit auch kein zusätzliches Wissen erschließen können. Wissen kann als eine Art Spiel beschrieben werden, in dem jeder gewinnen kann, allerdings ist die gleichmäßige Verteilung des Gewinns nicht garantiert (Vgl. Stehr, 2003: 27). Daraus ergibt sich die dritte Unterthese: *Die Wissensgesellschaft verstärkt soziale Ungleichheit.*

Das vorrangige Ziel der vorliegenden Untersuchung ist es, anhand der gesellschaftlichen Entwicklung in Industriestaaten die daraus resultierenden Verbindungen zwischen Pädagogik und Journalismus darzulegen. In diesem Zusammenhang ist es von besonderem Interesse, grundlegende, arbeitstechnische und thematische Schnittpunkte zwischen Pädagogik und Journalismus zu identifizieren und in den wissensgesellschaftlichen Kontext einzubetten. Um die thematisch bedeutendste Gemeinsamkeit der beiden Systeme – die Bildung – ausreichend zu würdigen, enthält diese Buch ein Konzept, das eine mögliche Entwicklung der Bildung in der Wissensgesellschaft im Kontext von pädagogischen und journalistischen Bemühungen in Form eines Modells aufzeigt, das sich auf die Gegenwart und die Zukunft bezieht. Die Fragestellung dieses Buches lautet daher: **"Allianzen zwischen Pädagogik und Journalismus als Orientierungshilfen in der Wissensgesellschaft?"**

Diesbezüglich ist es nicht das Ziel, Journalismus und Pädagogik aus ideologischen Gründen miteinander zu verknüpfen, sondern darzulegen, dass wechselseitige Beziehungen zwischen diesen beiden Systemen sinnvoll sein können, um Informationen und Wissen als Qualitätsmerkmale und entscheidende Ressourcen in Bildungsprozessen in der Wissensgesellschaft zu sichern und ständig neu zu generieren. Eine Allianz ist, um in wirtschaftlichen Termini zu sprechen, was angesichts der voranschreitenden Ökonomisierung des Bildungssystems nicht unangebracht scheint, „eine grundsätzliche Vereinbarung...zur Zusammenarbeit. Sie wird im Allgemeinen über einzelne Projekte konkretisiert. Motive sind Risikoteilung, Know-how-Austausch, Neutralisierung von Konkurrenz etc." (Gabler Verlag, 2010[5]).

1.4 Konzept und Methoden

Um interpretative Schlüsse aus der Entwicklung der beiden Systeme Pädagogik und Journalismus in der Wissensgesellschaft ziehen und gegebenenfalls Berührungspunkte und Allianzen zwischen den beiden Disziplinen ausmachen zu können, wurden drei Interviews geführt, deren Ergebnisse in diesem Buch als weitere Quellen zur Überprüfung der Thesen verwendet werden. Ein Interview wurde mit Nina Braun geführt, die für das *Forum-Schule*-Magazin[6] tätig ist. Die Bildungsjournalistin wurde ausgewählt, da sie aufgrund ihrer Arbeit in unmittelbarem Kontakt zu Lehrern steht und über Entwicklungen im schulischen Bildungssystem berichtet. Im Hinblick auf die Fragestellung dieser Untersuchung sollte das Interview vor allem Erkenntnisse darüber liefern, wie sich Lernen in der Schule verändert, und inwiefern das schulische Bildungssystem auf die Herausforderungen der Wissensgesellschaft vorbereitet ist. Desweiteren wurde ein Interview mit Marco Fileccia geführt, der sowohl als Politik-Lehrer als auch Autor und Fachberater für Medienkompetenz für die *Lehrer-Online*-Initiative[7] tätig ist. Der Lehrer und Autor wurde interviewt, um konkrete Verbindungen zwischen der pädagogischen und journalistischen Arbeitsweise sowie den Bildungsaufträgen von Pädagogen und Journalisten in Erfahrung zu bringen. Als dritter Interviewpartner wurde Dr. Martin

---

[5] Abgerufen im Internet am 14.02.2012 unter
http://wirtschaftslexikon.gabler.de/Archiv/54301/strategische-allianz-v4.html
[6] Die Webseite des *Forum-Schule*-Magazins lässt sich unter http://www.partner-fuer-schule.nrw.de/dev/t3/forum-schule/ einsehen. Abgerufen am 17.05.2012
[7] Die Webseite der *Lehrer-Online*-Initiative lässt sich unter http://www.lehrer-online.de/ einsehen. abgerufen am 17.05.2012

Bernhofer ausgewählt, der als Leiter der Hauptabteilung „Wissenschaft, Bildung, Gesellschaft" der österreichischen ORF-Radios tätig ist. Das Interview sollte der unmittelbaren Überprüfung der Leitthese und der damit verbundenen Ausführungen im Transferteil dieses Buches sowie der Erkenntnisgewinnung im Hinblick auf das Bildungsmodell, das im Folgenden näher erläutert wird, dienen. Als Datenerhebungsmethode wurde das qualitative Verfahren des problemzentrierten Interviews[8] angewendet, unter dessen Begriff „alle Formen der offenen, halbstrukturierten Befragung zusammengefasst werden. Das Interview lässt den Befragten möglichst frei zu Wort kommen, um einem offenen Gespräch nahe zu kommen. Es ist aber zentriert auf eine bestimmte Problemstellung, die der Interviewer einführt, auf die er immer wieder zurückkommt" (Mayring, 2002: 67). Dieses Verfahren wurde ausgewählt, um subjektive Erfahrungen der Personen zu erfassen und es zu ermöglichen, dass die Befragten selbst Zusammenhänge und kognitive Strukturen während des Interviews entwickeln (Vgl. ebd.: 67-68).

Das Bildungskonzept, das als Zusammenfassung der Ergebnisse fungiert, und zum Abschluss dieser Buches vorgestellt wird, ist angelehnt an das Drei-Phasen-Modell des amerikanischen Soziologen Daniel Bell, welcher bereits in den 1970er Jahren die Entstehung der Wissensgesellschaft prognostizierte. Bells Modell zufolge bildet die nachindustrielle Gesellschaft, in der die „Zentralität theoretischen Wissens als Quelle von Innovationen und Ausgangspunkt der gesellschaftlich-politischen Programmatik" (Bell, 1976: 31) fungiert, die dritte Phase nach der vorindustriellen (Phase 1) und industriellen Gesellschaft (Phase 2). In der vorliegenden Untersuchung wird der Versuch unternommen, die theoretischen Grundlagen des Bellschen Modells von der Entwicklung der Gesellschaft auf den Aspekt der Bildung zu übertragen und somit eine Prognose hinsichtlich der Zukunft von Bildung zu wagen, eine Vorstellung zu entwickeln, „eine Fiktion, eine *social science fiction* dessen, was sein kann, sein könnte" (ebd.: 10). Die sozialen Systeme Pädagogik und Journalismus, deren Verknüpfung und ausgiebige Förderung das Bildungssystem künftig positiv bereichern könnten, bilden in diesem Modell die umrahmenden Komponenten. Steinbicker hat die Begrifflichkeiten des Bellschen Modells in folgenden Sinnzusammenhang gestellt: Die Systeme bilden als „organisierter Rahmen und zentrale Institutionen" (Steinbicker, 2011: 53) die Axialstrukturen des Modells. Das „dynamische Leitprinzip" (Axialprinzip) und damit die „primäre Logik der Schlüsselinstitutionen" (Ebenda) bildet in dem Bildungsmodell das

---

[8] Diese Interviewform wurde von Andreas Witzel in dessen Werk „Verfahren der qualitativen Sozialforschung" aus dem Jahre 1982 eingeführt.

Wissen, das auf Daten und Informationen beruht, und als Antriebsmotor der modernen Gesellschaft fungiert. Die oben dargelegten Entgrenzungen in den beiden Systemen Pädagogik und Journalismus finden gemeinsam mit den Herausforderungen des technischen Fortschritts als zukunftsorientierte Variablen Eingang in das Modell, das zum Abschluss dieser Buches als **Drei-Phasen-Modell der Bildung** vorgestellt wird. Die Rahmenbedingungen für dieses Modell werden diktiert von der Wissensgesellschaft und deren bildungs- und marktpolitischen Elementen. Ausgangspunkt und damit erste Phase des Modells stellt die Gegenwart dar, die im Rahmen dieses Buches als gesellschaftliche Übergangsphase betrachtet wird. Die Gegenwart ist vor allem durch den technischen Fortschritt und die stetig anwachsende Menge an Informationen und Wissen gekennzeichnet. Da sich in der Wissensgesellschaft das Wissen immer mehr in digitale Archive verlagert, wird die erste Phase des Modells als „Digitalisierung der Allgemeinbildung" beschrieben. Die zweite Phase beschäftigt sich mit der nahen Zukunft, die in diesem Zusammenhang als "Vollendung" der Wissensgesellschaft und der damit einhergehenden Fertigstellung struktureller Änderungsprozesse angesehen wird. Aufbauend auf der Hypothese von der Digitalisierung der Allgemeinbildung, beschreibt die zweite Phase des Modells die Entstehung einer neuen Bildungskultur. Die letzte und dritte Phase widmet sich der Bildung der weiteren Zukunft, deren Vorhersage im Hinblick auf die Entwicklung von Pädagogik und Journalismus in der Wissensgesellschaft zwangsläufig einen teils spekulativen Charakter inne hat. Dieser kommt in der Hypothese zum Ausdruck, dass in der Zukunft die Erweiterung des Bildungsbegriffs notwendig wird. Um mit den Worten des französischen Poeten und Philosophen Paul Valéry zu sprechen: „Ich denke, das ist es, wofür menschliche Gehirne gemacht sind: Wir produzieren Zukunft. Wir gewinnen Informationen aus unserer Umwelt, aus der Vergangenheit und aus der Gegenwart, und dies nutzen wir, um die Zukunft zu produzieren. Und je mehr Zukunft wir produzieren können, desto mehr Freiheit haben wir!" (Paul Valéry, zitiert in Daniel Dennet, zitiert in Horx Zukunftsinstitut, 2010: 1)

1.5 Vorgehensweise

Um Berührungspunkte und mögliche Allianzen zwischen der Pädagogik und dem Journalismus identifizieren zu können, findet im ersten Teil dieses Buches eine Auseinandersetzung mit den gesellschaftlichen Rahmenbedingungen statt. Dabei werden zunächst die zentralen Elemente der Wissensgesellschaft aufgeführt und näher beschrieben (Kapitel 2). Hierbei liegt das Augenmerk auf den elementaren Teilbereichen Wissen und Wissenschaft, Wirtschaft, Politik, Medien und Kultur. Der daraus resultierende Überblick über die moderne Gesellschaft liefert zum einen die grundlegenden Rahmenbedingungen, die für die Beantwortung der Fragestellung berücksichtigt werden müssen, und zum anderen erste Indikatoren, anhand derer sich das Drei-Phasen-Modell der Bildung messen lassen muss. Das darauf folgende dritte Kapitel ist dem Wandel der sozialen Systeme Pädagogik und Journalismus gewidmet. An dieser Stelle werden erste Parallelen hinsichtlich der Entwicklung der beiden Disziplinen, die als Axialstrukturen des Bildungsmodells fungieren, in der Wissensgesellschaft deutlich, resultierend aus der Thematisierung des Einflusses der wissensgesellschaftlichen Elemente auf ihre Strukturen und der Analyse der Bedeutung von Bildung innerhalb der beiden Systeme. Nachdem damit der erste Teil dieser Buches abgeschlossen ist, folgt ab dem vierten Kapitel der Transferteil, in welchem die jeweiligen Entwicklungen von Pädagogik und Journalismus in einen gemeinsamen gesellschaftlichen Kontext gestellt und aufeinander bezogen werden. Um die Frage nach disziplinübergreifenden Allianzen zwischen Pädagogik und Journalismus beantworten zu können, wird in diesem Teil des Buches der Versuch unternommen, konkrete Berührungspunkte im Hinblick auf Grundlegendes in Kapitel 4 (Gesellschaftlicher Auftrag, Interaktion, Didaktik), Arbeitstechniken in Kapitel 5 (Vermittlung, [Online-] Recherche und Moderation) und Themenfelder in Kapitel 6 (Medienpädagogik, Nutzwertjournalismus, Informationspädagogik und Bildungsjournalismus) zu analysieren. Um die in diesem Prozess gewonnenen Erkenntnisse und Schlussfolgerungen über die Pädagogik und den Journalismus auf einen gemeinsamen Nenner zu projizieren, schließt der Hauptteil dieses Buches mit dem Drei-Phasen-Modell der Bildung ab, welches sich in die drei Abschnitte „Digitalisierung der Allgemeinbildung", „Neue Bildungskultur" und „Erweiterung des Bildungsbegriffs" aufgliedert. Den Schlusspunkt unter dieses Buch setzt das Fazit in Kapitel 8, das die erarbeiteten Ergebnisse im Hinblick auf die Fragestellung **„Allianzen zwischen Pädagogik und Journalismus als Orientierungshilfen in der Wissensgesellschaft?"** und den damit verbundenen Unterthesen und Hypothesen zusammenfasst und die Schlüsse, die hinsichtlich der Entwicklung der Bildung mit dem Drei-Phasen-Modell gezogen wurden, abschließend präsentiert und einordnet.

2 Teilbereiche der Wissensgesellschaft

In diesem Kapitel erfolgt eine Auseinandersetzung mit den gesellschaftlichen Rahmenbedingungen, die für die Entwicklung der sozialen Systeme Pädagogik und Journalismus von besonderer Bedeutung sind. Um die Wissensgesellschaft als Kontext des Untersuchungsfeldes des vorliegenden Buches und die innergesellschaftlichen Zusammenhänge ausreichend darzustellen, werden im Folgenden die elementaren Teilbereiche der Gesellschaft Wissen und Wissenschaft, Wirtschaft, Politik, Medien und Kultur näher beleuchtet. Dieses Kapitel dient als Grundlage, auf dessen Basis die Pädagogik und der Journalismus in der Wissensgesellschaft analysiert und mögliche Allianzen zwischen den beiden Disziplinen identifiziert werden sollen.

2.1 Wissen und Wissenschaft

Allgemein formuliert ist Wissen, um mit den Worten von Daniel Bell zu sprechen, eine *„Sammlung in sich geordneter Aussagen über Fakten oder Ideen, die ein vernünftiges Urteil oder ein experimentelles Ergebnis zum Ausdruck bringen und anderen durch irgendein Kommunikationsmedium in systematischer Form übermittelt werden"* (Bell, 1976: 180). Jene Übermittlung ist im Laufe der Zeit zu einer immer größeren Herausforderung geworden, da sich das Wissen der Menschheit in den vergangenen Jahrhunderten um ein Vielfaches vergrößert hat. In der modernen Gesellschaft ist es zweifellos nicht mehr möglich, sich als einzelnes Individuum das komplette zur Verfügung stehende Wissen über die Welt und ihre Zusammenhänge anzueignen. Die Menschheit hat über Jahrhunderte eine solch große Menge an Wissen angehäuft, dass es immer aufwendiger wurde, dieses Wissen sorgfältig zu bündeln und zu Papier zu bringen. Die Datenmengen haben einen solchen Umfang erreicht, dass das größte Nachschlagewerk der Welt, die „Encyclopædia Britannica", künftig nicht mehr in gedruckter Form erscheinen wird[9]. Die Zunahme von Wissen bedeutet jedoch auch, dass das Unwissen

---

[9] Das Nachschlagewerk „Encyclopædia Britannica" wird künftig nur noch als Online-Angebot verfügbar sein. Die aktuelle, etwa 60 Kilo schwere Auflage, umfasst 32 Bände und erschien 2010. Für die zuletzt gedruckte Auflage werden im Onlineshop der *Britannica* rund 1.400 Euro verlangt. Die Gründe für die Einstellung der Printausgabe liegen zum einen bei dem kostenlosen Online-Lexikon Wikipedia und zum anderen bei der enormen Datenmenge, die mit den Jahren angehäuft wurde. Der Firmenchef Jorge Cauz schreibt in der letztgedruckten Ausgabe: „Schon jetzt übersteigt unser digitaler Datenbestand unsere Möglichkeiten bei weitem, was wir noch in Druckfassungen unterbringen können. Und er ist aktuell, weil wir imstande sind, ihn innerhalb von Minuten zu aktualisieren, was wir mehrmals am Tag tun" (Quellen: *Spiegel Online*, 2012; abgerufen im Internet am 22.03.2012 unter

anwächst (Vgl. Adolf in Engelhardt / Kajetzke, 2000: 57). Daraus lässt sich wiederum schließen, dass das Wissen einen widersprüchlichen Charakter besitzt: Wissen ist nämlich zugleich Organisationsprinzip und Problemquelle der modernen Gesellschaft (Vgl. ebd.). Auf der einen Seite bildet Wissen den Kern kreativer, gesellschaftsprägender Innovationen. Auf der anderen Seite bringt ein Mehr an Wissen soziale Ungleichheit mit sich, da der Zugang zu Wissen als wichtige gesellschaftliche Ressource dem Schichtungsprinzip unterliegt (Vgl. Stehr, 2003: 23 und 26). Daraus lässt sich folgern, dass der Abstand zwischen denjenigen, die Zugang zum Wissen haben, und immer mehr Wissen anhäufen können, und denjenigen, denen der Zugang zum Wissen verwehrt bleibt, immer größer wird. Diese Argumente fallen bezüglich der Unterthese, dass die Wissensgesellschaft soziale Ungleichheit verstärkt, auf fruchtbaren Boden. Diese Thematik wird von Daniel Rohrbach in ihrem Werk „Wissensgesellschaft und soziale Ungleichheit: Ein Zeit- und Ländervergleich" ausgiebig analysiert.

Trotz alledem muss man konstatieren, dass Wissen in der modernen Gesellschaft zur wichtigsten Produktionskraft und Quelle von Innovationen und technischem Fortschritt geworden ist. Obwohl Wissen in der Geschichte der Menschheit schon immer eine gewichtige Rolle eingenommen hat, kann man zweifellos von einem deutlich angestiegenen Stellenwert des Wissens in der modernen Gesellschaft sprechen, was dazu führt, dass Wissen, Information und Expertise neben Geld und Macht nun als eine „gleichberechtigte Ressource gesellschaftlicher Reproduktion" (Kübler, 2008: 94) gilt. Der enorme technische Fortschritt, der seine Spuren in allen wesentlichen Bereichen der modernen Gesellschaft hinterlässt, trägt dazu bei, dass technisches Wissen und Können immer stärker gefragt sind. Damit eine Gesellschaft an globalen Bewegungsabläufen partizipieren kann, bedarf es intellektueller Vernetzungstechnologien, an deren Weiterentwicklung Wissenschaftler und Forscher mit dem entsprechenden Wissen, sprich technischem Know-how, stetig feilen. Die Weiterentwicklung der Gesellschaft liegt somit zu wesentlichen Teilen in den Händen von technisch versierten Akademikern. Die höhere Bildung, die das Wissen vermittelt, das in Wissenschaft und Forschung angewendet und neu generiert werden kann, spielt in der Wissensgesellschaft damit ebenfalls eine entscheidende Rolle. Als Grundlage für Innovationen und Fortschritt basiert Wissen auf Daten und Informationen.

---

http://www.spiegel.de/netzwelt/web/0,1518,821243,00.html und die Süddeutsche Zeitung im Internet, 2012; abgerufen am 22.03.2012 unter http://www.sueddeutsche.de/kultur/encyclopaedia-britannica-stellt-print-ein-angekommen-im-digitalzeitalter-1.1308518

Nach dem dreistufigen Selektionsprozess des deutschen Soziologen Helmut Willke werden in einem ersten Schritt Daten erhoben, die auf Erfahrung beruhen. Indem diese Daten in einen ersten Kontext der Relevanzen gestellt werden, transformieren sie sich zu Informationen. Dadurch, dass man die gewonnenen Informationen in einen zweiten Kontext der Relevanzen, der aus Erfahrungsmustern besteht, einbindet, entsteht Wissen (Vgl. Engelhardt / Kajetzke, 2010: 68).

Francis Bacon hat mit seinem berühmten Zitat „Scientia est potentia" (Wissen ist Macht) bereits im 16. Jahrhundert das theoretische Fundament für die moderne Wissensgesellschaft gelegt. In dem vorliegenden Buch wird Wissen, dem Kulturwissenschaftler Nico Stehr folgend, als *„Fähigkeit zum sozialen Handeln"* (Stehr, zitiert in Mittelstraß, 2000: 95), sprich Handlungsvermögen verstanden. Wer handlungsfähig ist, kann etwas in Gang setzen (Vgl. ebd.), sich Wissen aneignen, es vertiefen und in kreativen und innovativen Prozessen anwenden. Wenn Menschen handeln, dann beziehen sie sich auf Wissen, das es ihnen ermöglicht, mit ihren Handlungen und deren Realitätsverarbeitungen neues Wissen zu generieren (Vgl. Kübler, 2008: 103). Kreativität und Innovation sind Kerntechniken einer Gesellschaft, in der Wissen das zentrale Element der Gesellschaftsstruktur und des sozialen Wandels bildet (Vgl. Engelhardt / Kajetzke, 2010: 41). Das Wissen, verstanden als Handlungsvermögen, basierend auf Daten und Informationen, gibt die Richtung der modernen Gesellschaft vor, deren Fokus verstärkt auf der Zukunft liegt. Das Medium Wissen, das im ursprünglichen Sinne aus dem Zurückgreifen auf Erfahrungsmuster, die in Auseinandersetzung mit Vergangenem entstehen, hervorgeht, verändert seine Form, da es von dem charakteristischen Merkmal der Moderne – der Orientierung auf Zukunft – erfasst wird (Vgl. ebd.: 67). Das bedeutet, dass Komponenten des Nichtwissens Bestandteil der Wissensstrukturen werden (Vgl. Willke in Engelhardt / Kajetzke, 2010: 67), deren Aufgabe es ist, gesellschaftliche Zusammensetzungen von Realitäten abzubilden (Vgl. Kübler, 2008: 104).

Das Hauptaugenmerk der Wissensgesellschaft liegt auf Entwicklungen für die Zukunft und auf immer schneller einsetzenden wissenschaftlich-technischen und ökonomischen Fortschritten. Dies wirkt sich auf die Orientierungsfunktion von Wissensstrukturen aus, denn „mit dem Mehr an Wissen geht ein Mehr an Unwissen einher, mit einem Mehr an politischer Selbstbestimmung ein Mehr an zu tolerierender Ignoranz" (Adolf in Engelhardt / Kajetzke, 2010: 62). Dem Wissen als bedeutendste Produktionskraft der modernen Gesellschaft kann daher unterstellt werden, nicht nur mehr Innovation, technische Errungenschaften, selbstbestimmten Lernprozesse und eine breit gefächerte Informationsvielfalt, sondern auch soziale Ungleichheit zu produzieren. Die Bedeutung von Wissen in der modernen Gesellschaft ist vor allem ökonomischer Natur, denn Wissen umfasst „die Gesamtheit der Kenntnisse und Fähigkeiten, die Individuen zur Lösung von Problemen einsetzen. Wissen basiert auf Daten und Informationen, ist im Gegensatz zu diesen aber nicht an eine Person gebunden" (Gabler Verlag, 2010[10]). Die Güterproduktion und die damit verbundenen Industriearbeiter verlieren in ihrer Funktion massiv an Bedeutung, weil Wissensstrukturen an ihrer Stelle entstehen, die es erlauben, Wissen gezielt anzuwenden, um beispielsweise Produkte herzustellen (Vgl. Schäfers, 2007: 108). Damit nehmen das Wissen und der Wissensarbeiter letztlich enormen Einfluss auf die Güterproduktion und den Industriearbeiter. Das Wissen, das darauf ausgelegt ist, verarbeitete Informationen in Prozesse zu übersetzen, die neue Produkte, Entwicklungen, Ideen und Strukturen hervorbringen, kann als Erkenntniswissen beschrieben werden. Neue Erkenntnisse zu liefern ist Hauptaufgabe der Wissenschaft, die bemüht ist, „menschliche Entwicklung und Entfaltung zu verbessern, Fortschritte zu ermöglichen, Fehlentwicklungen und Irrationalismen zu vermeiden, mithin »nützliches« Wissen zu generieren, zu speichern, weiterzugeben bzw. in technische Lösungen zu realisieren" (Kübler, 2008: 133).

Forschung als jener Prozess, in dem es darum geht, objektive Erkenntnisse zu erlangen (Vgl. Mohr, 1999: 29), und Wissenschaft als eine kulturelle Institution, die auf Erkenntnis ausgerichtet ist (Vgl. ebd.: 31), lassen sich hinsichtlich ihrer funktionalen Entwicklung auf unterschiedliche Weise interpretieren. Auf der einen Seite kann in der Wissensgesellschaft durchaus von einem Aufstieg und einer Bedeutungssteigerung von Wissenschaft – respektive der Technowissenschaft – und Forschung die Rede sein, da die moderne, durch Technik bestimmte Welt auf dem Wissen der Wissenschaft und auf den konstruktiven Fähigkeiten der Wissensarbeiter basiert (Vgl. ebd.: 33). Auf der anderen Seite steht die Vermutung, dass die Wissenschaft an Grenzen, beispielsweise ökonomischer Art, stoßen könnte, denn „daß die auf einem bestimmten technischen Niveau und mit einem bestimmten technischen Aufwand erreichbaren theorierelevanten Daten" (Mittelstraß, 2000: 138) eines Tages ausgeschöpft sind, ist durchaus im Bereich des Möglichen. Es müsste also ein enormer technischer Aufwand, der wiederum einen erheblichen finanziellen Aufwand zur Folge hätte, betrieben werden, um „wirklich neue empirische Daten beizubringen, die für ernstzunehmende empirische Tests substantiell

---

[10] Abgerufen im Internet am 18.03.2012 unter http://wirtschaftslexikon.gabler.de/Archiv/75634/wissen-v3.html

fortentwickelter oder ganz neuartiger Theorien überhaupt taugen" (Mittelstraß, 2000: 138).

In diesem Kapitel soll es allerdings um die technologische Wissenschaft gehen und in dieser Hinsicht ist es unumstritten, dass Wissenschaft zu einem wesentlichen Bestandteil unseres Alltags geworden ist. Indem die Menschen täglich Entwicklungen wie das Internet, Mobiltelefone oder Navigationssysteme genutzt werden, bedienen sie sich Techniken, die auf wissenschaftlichen Erkenntnissen beruhen. Desweiteren zeugt die wachsende Anzahl von Beratungsangeboten und Ratgeberliteratur davon, dass die Verwissenschaftlichung der Gesellschaft zunimmt (Vgl. Eichholz, 2010: 100). Die Wissenschaft schafft Wissen und liefert somit die entscheidende Ware der modernen Wissensgesellschaft. Der Forschung als Instrument der Wissenschaft kommt ebenfalls ein hoher Stellenwert zu, und es ist demzufolge nicht verwunderlich, dass die Bundesregierung im Jahr 2012 die Rekordsumme von 12,9 Milliarden Euro in Bildung und Forschung investiert (Vgl. Die Bundesregierung, 2011[11]). Denjenigen, die an die Grenzen der Wissenschaft glauben, ist entgegenzuhalten, dass in einem solchen Fall das wissenschaftliche Wissen als „Ursache und wichtigster Faktor technologischer Innovationen" (Wingens, 1998: 162) stagnieren würde. Zumindest in technologischer Hinsicht scheint ein absehbares Ende neuer wissenschaftlicher Erkenntnisse nicht in Sicht. Ob eines Tages alle für die Wissenschaft lösbaren Probleme dieses Erdballs gelöst sein werden, ist nicht zu beantworten und auch nicht Bestandteil dieses Buches. Das Wissen, das die Wissenschaft hervorbringt, hat zweifelsohne Hochkonjunktur. Die Wissenschaft als soziale Institution wird allerdings unterwandert von einem typischen Globalisierungsmerkmal: Entgrenzung. Das bedeutet, dass der Zugang zu wissenschaftlichem Wissen prinzipiell für alle gesellschaftlichen Gruppen geöffnet wird (Vgl. Weingart, 2001: 15), sodass die Wissenschaft „ihre institutionelle Identität und ihr Monopol der Erzeugung gesicherten Wissens" (ebd.) verliert. Die Schranken der Wissenschaft werden damit geöffnet, und die Quantität wissenschaftlicher Prozesse nimmt zu, sodass die wissenschaftliche Forschung um eine Vielzahl an Einflüssen aus anderen sozialen Systemen ergänzt werden kann. Der technische Fortschritt, der maßgeblich von wissenschaftlichen Erkenntnissen profitiert, ist somit durch eine erhöhte Reflexivität gekennzeichnet, die darin zum Ausdruck kommt, „daß auch außerhalb der Grenzen der klassi-

---

[11] Abgerufen im Internet am 13.03.2012 unter
http://www.bundesregierung.de/Content/DE/Magazine/02MagazinWirtschaftArbeit/2011/12/12-wirtschaft-und-
arbeit.html;jsessionid=76CBEAFE7D5A26087A832831EBE19EC6.s4t2?context=Inhalt%2C0

schen Forschungseinrichtungen Wissen mit wissenschaftlichen Methoden erzeugt wird" (Weingart, 2001: 18). Wissen entsteht nicht mehr auf der Suche nach Naturgesetzen, sondern wird in Anwendungskontexten generiert (Vgl. ebd.: 15).
Die „Instrumente" der Wissenschaft, die Forschung und die Technik, gewinnen immer mehr an Bedeutung, da die moderne Welt zu einer technischen Zivilisation geworden ist, die von technisch-technologischen Systemen in allen Bereichen menschlicher Tätigkeit geprägt wird (Vgl. Tauss, 1996: 253). Wissenschaft und Technologie nehmen einen besonderen Status ein, weil die menschliche Gesellschaft in hohem Maße von diesen beiden Bereichen abhängig geworden ist (Vgl. Mohr, 1999: 31). Der technische Fortschritt kann als Abnabelung des Menschen von seiner Abhängigkeit von der Natur verstanden werden, denn der Mensch wird mittels Technik zum aktiven Gestalter und bewussten Kontrolleur von Produktionsprozessen, die auf die Aneignung der Natur zielen (Vgl. ebd.: 252). Um mit den Worten des Philosophen und Soziologen Jürgen Habermas zu sprechen: „Der technische Fortschritt folgt seiner Richtung ohne Direktiven von außen oder von unten, er wird gleichsam zu einem Naturprozeß" (Habermas, 1978: 343).

2.2 Wirtschaft

Mit dem Wandel von der Industrie- zur Wissensgesellschaft vollzieht sich ein Wandel von der Güterproduktion zur Dienstleistung. Der tertiäre Sektor (Dienstleistungssektor) wird zum „Wachstumsmotor und Innovationskatalysator der Wirtschaft" (Bullinger / Murrmann, 1999: 41), indem er alle Bereiche durchdringt und den „so genannten wissensbasierten Strukturwandel..., vor allem durch digitale und globale Vernetzung, vorantreibt" (Kübler, 2008: 97). Die Bedeutungssteigerung des tertiären Sektors ist durch die industrielle Entwicklung bedingt. Der steigende Güterverkehr und Energieverbrauch führen zu einem Ausbau des Transportwesens und der öffentlichen Dienste. Desweiteren führen Massenkonsum und Bevölkerungswachstum dazu, dass die „traditionellen Arbeitsbereiche der Kopfarbeiter" (Bell, 1976: 135), sprich der Groß- und Einzelhandel, ausgebaut werden. Schließlich steigt das Volkseinkommen, sodass der Anteil der Ausgaben für den Haushalt geringer wird. Das Geld, das nun übrig bleibt, kann in Gebrauchs- und Luxusgüter investiert werden. Dadurch floriert der Dienstleistungssektor, da die Menschen nun die Mittel zur Verfügung haben, um sich Reisen, Unterhaltung und Sport zu widmen (Vgl. ebd.).

Der amerikanische Soziologe Nico Stehr befürchtete, dass in einem Wirtschaftssystem, indem Wissen als wichtigste Quelle für Wertsteigerungen fungiert und mit weniger Arbeitseinsatz eine erhöhte Produktion möglich sein wird, dieses wirtschaftliche Wachstum mit dem Verlust der Vollbeschäftigung einher gehen könnte (Vgl. Stehr, 1994: 524). Der wirtschaftliche Wachstum sorgte für einen historisch einmaligen Anstieg des durchschnittlichen Wohlstands privater Haushalte und des durchschnittlichen Bildungsniveaus der Bevölkerung (Vgl. Stehr, 2007: 41-42). Reichtum und Bildung sind weiter verbreitet als jemals zuvor in der Geschichte der Menschheit, allerdings sind sie keineswegs gleich verteilt (Vgl. ebd.: 18). Folgt man den Argumentationen von Stehr, wird das moderne Wirtschaftssystem als gesellschaftliche Institution von gesellschaftlichen Entwicklungen und dessen Transformationen beeinflusst (Vgl. ebd.: 41). Offen bleibt die Frage, ob der Wirtschaftsmarkt in der Wissensgesellschaft nur Spiegel der Gesellschaft oder als Zerstörer moralischen Verhaltens selbst für den Zustand der Gesellschaft verantwortlich gemacht werden kann (Vgl. ebd.: 34). Diese Frage ist schwierig zu beantworten, es lässt sich allerdings konstatieren, dass es moralisch bedenklich erscheint, wenn wirtschaftliche Unternehmen Mitarbeiter entlassen und gleichzeitig die Steigerung ihrer Gewinne mitteilen[12].

Eindeutig ist, dass die zentralen Elemente der modernen Gesellschaft, Wissen und Information, auch in ihrer wirtschaftlichen Bedeutung zunehmen und in die Produktion von Dienstleistungen integriert werden und somit neue Kombinationen ermöglichen, die die Generierung neuer Dienstleistungen zur Folge haben (Vgl. Stehr, 2007: 50). Daraus lässt sich schließen, dass mit dem Bedeutungszuwachs an Wissen und Informationen ein rasant fortschreitender Ausbau des Dienstleistungssektors einhergeht, der dazu geführt hat, dass mittlerweile rund zwei Drittel des Bruttoinlandsproduktes durch den tertiären Sektor erwirtschaftet werden (Vgl. Die Bundesregierung, o.J.[13]). Mittlerweile sind 73 Prozent der Erwerbstätigen im Dienstleistungsbereich tätig, dies ist im Vergleich zu 1970 eine Steigerung um 28 Prozent. Eine Grafik des Statistischen Bundesam-

---

[12] Vgl. dazu Süddeutsche Zeitung vom 11.07.2006; abgerufen im Internet am 28.02.2012 unter http://www.sueddeutsche.de/wirtschaft/moral-debatte-stellenabbau-ist-nicht-unmoralisch-1.904672. Der Finanzkonzern Allianz teilt mit, dass er 7.500 Stellen streichen wolle. Gleichzeitig wird bekannt, dass der Überschuss des Konzerns 2007 erheblich gesteigert wurde.
[13] Abgerufen im Internet am 01.03.2012 unter
http://www.bundesregierung.de/Content/DE/Magazine/MagazinWirtschaftFinanzen/063/s-a-dienstleistungen-in-deutschland.html

tes aus dem Jahre 2011 verdeutlicht den konstanten Bedeutungszuwachs des tertiären Sektors:

Tab. 1: Erwerbstätige nach Wirtschaftssektoren[14]

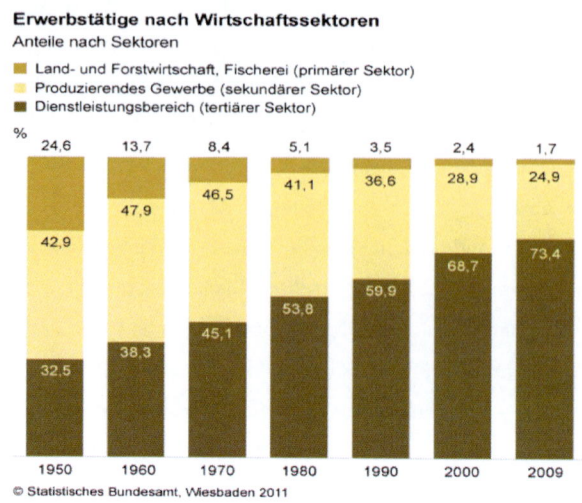

Daniel Bell prognostizierte bereits in den 1970er-Jahren, dass sich die nachindustrielle Gesellschaft, die heutzutage unter anderem als Wissens-, Dienstleistungs-, Informations-, Risiko- oder Wissensgesellschaft bezeichnet wird, dadurch auszeichne, dass immer mehr Menschen nicht mehr in der Landwirtschaft und in der industriellen Produktion tätig sein werden, sondern im Dienstleistungssektor (Vgl. Bell, 1976: 32). Um Verarbeitung, Suche und Filterung der unzähligen Daten und Informationen, deren Zugang durch den technischen Fortschritt ermöglicht wird, sicherzustellen, sind Techniken notwendig, die unter dem Überbegriff Wissensmanagement entstehen; es werden also neue Arten von Dienstleistungen notwendig (Vgl. Bullinger / Murrmann, 1999: 66). Der Dienstleistungssektor erfährt eine zunehmende Bedeutung in der globalisierten Wirtschaft. Dieser Prozess, der als Tertiarisierung beschrieben wird, führt dazu, dass der tertiäre Sektor heute den größten Wirtschaftsbereich darstellt (Vgl. Mangold, 2000: 26). Daniel Bells Prognose vom „Übergewicht der Dienstleistungswirtschaft über die produ-

---

[14] Quelle: Statistisches Bundesamt Wiesbaden, 2011; abgerufen im Internet am 07.03.2012 unter https://www.destatis.de/DE/ZahlenFakten/Wirtschaftsbereiche/Dienstleistungen/_Grafik/ErwerbstaetigeSektor.html

zierende Wirtschaft" (Bell, 1976: 13) hat sich somit bestätigt. Dienstleistungen finden immer stärker Einzug in die Güterproduktion, sodass von einer „Tertiarisierung der Sachgüterproduktion" (ebd.) gesprochen werden kann. Dieser Ausdruck umschreibt eine Entwicklung, bei der hochtechnisierte Industrieprodukte auf intelligente Weise mit ebenfalls hochtechnisierten Dienstleistungen verknüpft werden, sodass ein zusätzlicher Nutzen für den Kunden generiert werden kann (Vgl. Bullinger / Murrmann, 1999: 69-70). „Intelligente" Dienstleistungen, deren wesentliche Bestandteile Wissen und Information sind, werden letztlich Teil des Produkts (Vgl. ebd.: 50). Der Ausbau des Dienstleistungssektors, der im Zuge der technologischen und industriellen Revolution vonstatten gegangen ist, führt dazu, dass Dienstleistungen und die Globalisierung beschleunigt werden (Vgl. Mangold, 2000: 29). Die „intelligenten" Dienstleistungen können somit als ökonomische Konsequenz eines Marktes, dessen bedeutendste Ware das Wissen ist, angesehen werden. Um mit den Worten des deutschen Managers Klaus Mangold zu sprechen: „Die gegenwärtige Dynamik der Globalisierung wäre ohne Dienstleistungen nicht denkbar. Denn Dienstleistungen sind unstreitig zu entscheidenden Erfolgsfaktoren auf globalisierten Märkten geworden" (Mangold, 2000: 23).

2.3 Politik

Folgt man den Argumentationen von Daniel Bell, liegt die wirkliche Macht in der nachindustriellen Gesellschaft nicht in der Hand von Managern und anderen kapitalistischen Eliten, sondern bei den politischen Entscheidungsträgern (Vgl. Bell, 1976: 61). Bell sieht vor allem in der Beziehung zwischen Sozialstruktur und politischer Ordnung das Hauptproblem der Gesellschaft (Vgl. ebd.: 31). Auf der einen Seite komme der politischen Ordnung eine entscheidende Bedeutung zu, weil der Wandel der Sozialstruktur eine Gesellschaft hervorbringe, „die sich ihres Schicksals zunehmend bewußt wird und dementsprechend mehr und mehr bestrebt ist, es selber in die Hand zu nehmen" (ebd.: 30-31). Da diese Gesellschaft vor allem viel Wert auf die technische Seite des Wissens lege, müssten auf der anderen Seite die Wissenschaftler, Ingenieure und Technokraten, die Bell als Oberpriester der neuen Gesellschaft bezeichnet, entweder zu den Politikern in Konkurrenz treten oder sich mit ihnen verbünden (Vgl. Bell, 1976: 31). Dies bedeutet, dass das Wissen als Ausdruck von Handlungs- und Innovationsfähigkeit politisch gesichert werden muss, damit ein Staat in der Lage ist, sich den Herausforderungen einer globalisierten Weltgesellschaft zu stellen. Die wesentliche Herausforderung für die Politik besteht diesbezüglich in der „Akzentverlagerung von nationalstaatlich organisierter Politik zu weltweiten wirtschaftlichen, technologischen und wissenschaftlichen Lernprozessen" (Heidenreich in Böschen / Schulz-Schaeffer, 2003: 15). Die Verteilung und Generierung von Wissen wird somit zwangsläufig zum Gegenstand politischer Auseinandersetzungen. Dieser Prozess kann als „Politisierung der Wissenschaft" beschrieben werden (Vgl. Martinsen in Engelhardt / Kajetzke, 2010: 116).

In der Wissensgesellschaft werden die Güterproduktion und der Industriearbeiter durch das Wissen als entscheidende Produktionskraft und den „Kopfarbeiter" (Drucker, 1993: 16) abgelöst. Dies bedeutet, dass an der Spitze der Gesellschaft nun nicht mehr der kapitalistische Unternehmer steht, sondern „die Wissensfachkräfte, die in der Lage sind, Wissen produktiv einzusetzen, vergleichbar den Kapitalisten, die wußten, wie man Kapital produktiv einsetzt" (ebd.: 19). Damit der Unternehmer als „Prototyp des Innovators" (Weymann, 1998: 112) auf dem Markt erfolgreich sein kann, braucht er die Politik, da sie die ökonomischen Rahmenbedingungen festlegt. Weymann sieht die Demokratie als Herrschaft von Politikern (Vgl. ebd.), sodass ein Übergewicht des Staates und der Politik auf Kosten von Markt und Wirtschaft entstehe (Vgl. ebd.: 113). Demgegenüber argumentiert der Philosoph Michael Polanyi, dass mit dem Zusammenbruch des wirtschaftlichen Systems der kapitalistischen Gesellschaft auch das Ende des politischen Systems der repräsentativen Demokratie einhergehe (Vgl. Polanyi in ebd.). Zieht man zusätzlich die Argumentationen von Steinbicker zu Rate, der davon ausgeht, dass die Politik, gemeinsam mit der Wissensklasse und der Universität, in ihrer Bedeutung die Unternehmerklasse, das Unternehmen und die Wirtschaft ablösen (Vgl. Steinbicker, 2011: 64), entsteht von der Politik hinsichtlich ihrer Bedeutung in der Wissensgesellschaft ein widersprüchliches Bild. Aber letztendlich muss man konstatieren, dass die globale Wirtschaftsform durch Regierungen und damit durch politische Akteure ermöglicht worden ist, denn weder Wirtschaft noch die Technologie wären alleine dazu fähig gewesen, diese neue Wirtschaftsform herbeizuführen (Vgl. Castells, 2004: 146). Denjenigen, die das Ende der Demokratie prognostizieren, ist entgegenzusetzen, dass die moderne Politik, die laut Bell durch Partizipation und Mitbestimmung charakterisiert ist (Vgl. Bell, 1976: 30), in jüngerer Vergangenheit gezeigt hat, dass sie sich ihrer demokratischen Prinzipien trotz eines sozialen Wandels nicht entledigt hat. Dies zeigt sich vor allem durch Volksabstimmungen wie Stuttgart 21[15] und dem Abwahlverfahren des nun ehemaligen Duisburger Oberbürgermeisters Adolf Sauerland[16].

Es erscheint durchaus sinnvoll, zu argumentieren, dass die Anwendung ökonomischer und technischer Innovationen auf die Rahmensetzung der Politik angewiesen ist, sodass man von der Politik in der modernen Gesellschaft als eine gewichtige Entscheidungsinstanz sprechen kann. Allerdings muss berücksichtigt werden, dass die weltweite Vernetzung durch die Globalisierung auch Abhängigkeiten für die Politik hervorgebracht hat. Die Bedeutungssteigerung des Wissens und der Wissenschaft durchsetzt alle Teilbereiche der Gesellschaft. Für die Politik ergibt sich daraus, dass die politischen Akteure immer stärker vom Expertenwissen professioneller Berater abhängig sind (Vgl. Martinsen in Engelhardt / Kajetzke, 2010: 114-115). Politische Entscheidungen, die beispielsweise im Zusammenhang mit der Euro-Krise gefällt worden sind, können als Beispiel dieser Abhängigkeit von nichtpolitischen Entscheidungsträgern interpretiert werden. Der Vorwurf könnte lauten, dass manche Entscheidungen in diesem Zusammenhang unter Berücksichtigung der Situation der Finanzmärkte getroffen worden seien. Als Beispiel dienen an dieser Stelle die Griechenland-Rettungspakete, deren Mittel zu einem beträchtlichen Teil dazu verwendet werden, „um Anleihen zurückzukaufen und zu verlängern sowie um Banken Eigenkapital zuzuführen und ihnen die Beschaffung von Liquidität bei der Europäischen Zentralbank offenzuhalten" (Frankfurter Allgemeine Zeitung, 2011[17]). Die Politik sieht sich also gezwungen, die Finanzmärkte zu stärken und offenbart damit ein gewisses Maß an Abhängigkeit. Dennoch bleibt die Politik im Wesentlichen der entscheidende Taktgeber, der die Richtung der gesellschaftlichen Entwicklung maßgeblich beeinflusst. Damit die Politik die Fäden in der Hand behält, ist sie darauf angewiesen, auf die neuen Herausforderungen, die moderne Gesellschaften fordern, entsprechend zu reagieren. Die Verbreitung der höheren Bildung, „wie sie die Welt bis dahin noch nicht erlebt hat" (Bell, 1976: 223), gilt es auch künftig zu managen.

---

[15] In einer Volksabstimmung haben sich die Bürger von Baden-Württemberg für das Projekt Stuttgart 21 entschieden. Dazu die Zentrale für politische Bildung Baden-Württemberg, im Internet abgerufen am 05.03.2012 unter http://www.lpb-bw.de/volksabstimmung_stuttgart21.html
[16] In einem Verfahren der direkten Demokratie hat eine deutliche Mehrheit der Duisburger Bürger ihren bisherigen Oberbürgermeister Adolf Sauerland abgesetzt. Dazu *Spiegel Online*, abgerufen am 05.03.2012 unter http://www.spiegel.de/politik/deutschland/0,1518,814838,00.html
[17] FAZ im Internet; abgerufen am 06.03.2012 unter http://www.faz.net/aktuell/wirtschaft/europas-schuldenkrise/zweites-rettungspaket-griechenland-ist-gerettet-8211-bis-auf-weiteres-11109806.html

Die folgenden Worte des griechischen Philosophen Aristoteles unterstreichen die Bedeutung von Politik in modernen Gesellschaften: „Der Staat ist ein Naturprodukt, und der Mensch ist von Natur aus ein politisches Wesen"[18].

2.4 Medien

Der soziale Wandel, der mit der Entwicklung der Wissensgesellschaft einher geht, hat auch Auswirkungen auf den Teilbereich der Medien. Vor allem die Kommunikation durch Medien, respektive das Internet, ist ein wesentlicher Bestandteil der modernen Gesellschaft. Als Konsequenz der Globalisierung, die die Strukturen in der Wissenschaft, Wirtschaft und Politik maßgeblich verändert hat, ist ein neues Kommunikationssystem entstanden, das die universelle, digitale Sprache spricht (Vgl. Castells, 2004: 2). Mit Hilfe von Computernetzwerken werden neue Formen und neue Kanäle der Kommunikation geschaffen (Vgl. ebd.). Kennzeichnend für die digitale Kommunikation innerhalb von Computernetzwerken ist die Integration von Text, Bild und Ton, die zu jeder beliebigen Zeit und unter Bedingungen offenen Zugangs miteinander kombiniert werden können (Vgl. ebd.: 376). Dies verändert den Charakter der Kommunikation, die die Kultur einer Gesellschaft entscheidend prägt (Vgl. ebd.). Es entstehen Kommunikationsformen, die Nachrichten in komprimierter Weise, also per Abkürzungen und Symbolen, vermitteln. Der Vorsitzende des Rates für deutsche Rechtschreibung, Hans Zehetmair, ist sich sicher, dass diese „Fetzenliteratur", wie er die Schreibweise bei Nachrichtendiensten wie Twitter und SMS beschreibt, die Sprachkompetenz junger Leute bedrohe (Vgl. Welt Online, 2012[19]). Der Medienberater, Schreibtrainer und freie Journalist Markus Reiter sieht in der Benutzung von Twitter, Blogs und Networks sogar eine Bedrohung unserer Kultur[20]. Der spanische Soziologe Manuel Castells verweist darauf, dass Gesellschaften immer mehr durch den bipolaren Gegensatz zwischen dem Netz und dem Ich strukturiert seien (Vgl. Castells, 2007: 3). Er sieht die Muster gesellschaftlicher Kommunikation immer stärker unter Druck geraten, was dazu führen könnte, dass Kommunikation zusammenbricht, sodass sich soziale Gruppen und Indivi-

---

[18] Zitat stammt aus dem Internet; abgerufen am 06.03.2012 unter http://www.aristotle-project.net/aristoteles-zitate-politik.html
[19] Im Internet abgerufen am 01.03.2012 unter http://www.welt.de/kultur/article13793892/Sprachexperte-geisselt-Fetzenliteratur-auf-Twitter.html
[20] Markus Reiter hat das Buch „Dumm 3.0: Wie Twitter, Blogs und Networks unsere Kultur bedrohen" verfasst.

duen voneinander entfernen und sich nach einiger Zeit gegenseitig als Fremde und letztlich als Bedrohung wahrnehmen würden (Vgl. ebd.). Es lässt sich nicht leugnen, dass die „zeitlosen Räume des kulturellen Austausches via iPhone, E-Mail, Chat, SecondLife, Facebook und dergleichen eine neue geistige Nähe digital vernetzter Gemeinschaften" (Gröper, 2010: 1) erzeugen, sodass veränderte Kompetenzen und Problemlösungen erforderlich sind (Vgl. ebd.). In einer Gesellschaft, in der Daten, Informationen und Wissen die zentralen Faktoren darstellen, spielen die Medien als Informations- und Datenquelle eine bedeutende Rolle. Der mediale Einfluss auf die Kommunikation in der Gesellschaft ist dabei von besonderer Bedeutung, denn „Kommunikation ist schon immer eine Form menschlichen Verhaltens gewesen, der wesentliche Bedeutung für die Menschwerdung zugeschrieben wird" (Wersig, 1985: 18). Letztlich basiert die Produktionskraft Wissen, die mit Hilfe von Erkenntnissen aus Wissenschaft, Forschung und Technik produziert wird und in Dienstleistungen marktökonomisch ihre Anwendung findet, auf Kommunikation, denn Kommunikation ist die Quelle unserer Selbstwerdung und Selbstfindung (Vgl. Mettler-v. Meibom, 1994: 103). Kommunikation, verstanden als jede Art des Austausches von Menschen mit der belebten und nicht belebten Welt (Vgl. ebd.), ist notwendig, um Prozesse jeder Art in Gang zu setzen.

In der Antike umfasste der Kommunikationsbegriff Mitteilung, Gewährung, Austausch, Verbindung, Verkehr, Umgang und Gemeinschaft (Vgl. Saner, 1976 in Rühl, 2011: 159). Die Eigenschaften der modernen Kommunikation haben sich im Wesentlichen nicht verändert, allerdings haben sich die vorrangingen Formen des Austausches, der Verbindung und der Mitteilung geändert, wie die oben bereits erwähnten Nachrichtendienste wie SMS und Twitter verdeutlichen. In der Wissensgesellschaft entstehen globale Kommunikationsstrukturen, die den weltweiten Austausch von Daten und Informationen ermöglichen. Dies hat zur Folge, dass das Phänomen der Entgrenzung als typisches Merkmal für die Wissensgesellschaft auch die Kommunikation betrifft. Dies äußert sich darin, dass durch die Mediatisierung der Kommunikationsverhältnisse, -beziehungen und -inhalte (Vgl. Mettler-v. Meibom, 1994: 17) Kommunikation unabhängig von Raum und Zeit stattfinden kann. Das bedeutendste Kommunikationsmittel der Neuzeit, das diese Entgrenzung ermöglicht, ist das Internet. Per Mail, Chat oder sozialen Netzwerken können Menschen auf der ganzen Welt miteinander in Kontakt treten. Die neuen Informations- und Kommunikationstechnologien ermöglichen, dass alte Strukturen aufgebrochen und neue Räume geschaffen werden, denn nun ist es möglich, im Büro zu spielen, zu Hause zu arbeiten, sich unterwegs zu bilden und sich im Freizeitpark zu verpflegen (Vgl. Maier-Rabler, 1994 in Latzer u.a., 1999: 200). Aus heutiger Sicht sind Medien aus der Gesellschaft und damit zwangsläufig aus Kommunikationsprozessen nicht mehr wegzudenken. Für die Zukunft wird es wichtig sein, eine Kompetenz zu entwickeln, die einen zielgerichteten und verantwortungsvollen Umgang mit Medien ermöglicht. Um mit den Worten des US-amerikanischen Wissenschafts- und Gesellschaftskritikers Joseph Weizenbaum zu sprechen: „Medienkompetenz ist nichts anderes als die Kompetenz, kritisch zu denken und Dinge zu hinterfragen" (Weizenbaum, 2006: S. 173 in Gröper, 2010: 3).

Medienkompetenz wird auch für die Berichterstatter von Presse, Funk und Fernsehen immer wichtiger. In keinem anderen gesellschaftlichen Teilbereich kommt das Konzept der Wissensgesellschaft so zum Tragen wie in den Medien. Die Flut an Daten und Informationen, die die Dynamik und Schnelllebigkeit von Wissen und Aktualität bedingen, kommt in der Medienwelt am ehesten zum Ausdruck, weil die Medien die technischen Hilfsmittel, Organisationsformen, Produkte und Systeme der menschlichen Existenz und Sozialität darstellen (Vgl. Kübler in Engelhardt / Kajetzke, 2010: 171). Die Verarbeitung von Daten, Informationen und somit letztlich Wissen wird durch das Internet revolutioniert, denn „mit der Digitalisierung und weltweiten Vernetzung durch das Web sind Speicherung, Transport und Zugänglichkeit von derzeit noch unbegrenzten Mengen von Daten potentiell für alle auf dem Globus möglich, erhöht sich ihre Verbreitungsgeschwindigkeit gewissermaßen auf Echtzeit, sinken die Kosten und materiellen Anwendungen auf Bruchteile, sind extreme Extrapolationen an Datenwachstum zu verzeichnen" (ebd.). Die sozialen Netzwerke Facebook und Twitter erlauben es, neuwertige Informationen innerhalb von Sekunden auf dem gesamten Globus zu verteilen. Redaktionen nutzen das Internet, um ihre Nachrichten so schnell wie möglich zu verbreiten, bevor deren Aktualität schon wieder abgenommen hat. Wer heutzutage noch eine Tageszeitung aufschlägt, wird über den Aufmacher kaum verwundert sein, da sich die besagte Nachricht bereits einen Tag zuvor, unmittelbar nach ihrem Bekanntwerden, in Windeseile über das Internet verbreitet hat. Das Internet sorgt somit für eine Aktualität in Form eines Echtzeitgefühls, wie sie es bis dato noch nie in der Menschheitsgeschichte gegeben hat. Letztlich ordnet sich auch die Medienbranche dem technischen Fortschritt unter und macht sich eine Technologie zum Nutzen, die auf den Erkenntnissen von technisch-versierten Akademikern beruht. Die Medien, die Daten und Informationen liefern, sind so eng mit der Herausbildung der Wissensgesellschaft verzahnt wie kein anderes Subsystem (Vgl. Kübler in Engelhardt / Kajetzke, 2010:

171). Um mit den Worten des deutschen Soziologen Niklas Luhmann zu sprechen: „Was wir über unsere Gesellschaft, ja über die Welt, in der wir leben, wissen, wissen wir durch die Massenmedien" (Luhmann, 1996: 8).

2.5 Kultur

Die Herausbildung der Wissensgesellschaft hat auch auf den kulturellen Sektor erhebliche Auswirkungen. Laut Daniel Bell herrschen im kulturellen Bereich der modernen Gesellschaft vor allem die *„Selbstverwirklichung und Entfaltung der eigenen Person vor"* (Bell, 1976: 30). Die wesentliche Herausforderung des modernen Menschen liegt darin, die Suche nach sich selbst, die Entfaltung einer individuellen Identität möglichst erfolgreich zu gestalten. Neben der Individuation der Menschen findet in der Wissensgesellschaft eine kulturelle Transformation statt, die das Aufeinandertreffen verschiedener Kulturen, Wissensumbrüche und den Wandel des naturwissenschaftlichen Weltbildes mit sich bringt (Vgl. Bechmann, 2003: 6). Die Verbreitung von Wissen und damit von Handlungsvermögen führt dazu, dass in der Moderne Kulturen entstehen, die sich als „antiinstitutionell und antinomisch" (Bell, 1976: 364) bezeichnen lassen. Als Beispiel nennt Daniel Bell zum einen die antibürgerliche Kultur, die darauf ausgelegt sei, die vorherrschenden Ordnungen und die ästhetischen Kategorien aufzubrechen, die in den vergangenen Jahrhunderten den Maßstab setzten (Vgl. ebd.: 365). Als weiteres Beispiel führt Bell die Gegenkultur an, die eine „Revolution im Lebensstil" sei und sich gegen Beschränkung und Zwang richte (Vgl. ebd.). Die Gegenkultur verkörpert damit letztlich den Wunsch moderner Menschen nach Identität, Individualität, Freiheit, Spontanität und das Ausleben von Träumen, Begierden und Freuden jeglicher Art. Dieser kulturelle Entwurf ist das Gegenstück zu der im 19. Jahrhundert weit verbreitenden Einstellung, „sich in Genügsamkeit und Nüchternheit der Arbeit zu widmen, überzeugt damit ein moralisches, gottgefälliges Leben zu führen" (Vgl. Bell, 1976: 363). Das in der Wissensgesellschaft vor allem durch die Informations- und Kommunikationstechnologien weit verbreitete Wissen über fremde Kulturen und Bräuche trägt dazu bei, dass sich Kulturen herausbilden, die sich aus kleinen Puzzleteilchen verschiedenster Kulturen zusammensetzen. Das Internet kann dazu beitragen, dass sich Menschen ihrer eigenen sozialen Lage und ihres politischen Umfeldes bewusst werden, indem sie per Mausklick erfahren, welche Rechte und Freiheiten Menschen in anderen Ländern und

Kulturkreisen haben. Mit Hilfe von sozialen Netzwerken wie Facebook können diese Eindrücke in einer großen Community diskutiert werden. So vor kurzem geschehen im „Arabischen Frühling", als sich eine Vielzahl junger Menschen aus Ländern Nordafrikas und des Nahen Ostens gegen ihre jeweiligen Regierungen auflehnten (Vgl. Die Bundeszentrale für politische Bildung, o.J.[21]). Die Folge waren Proteste, Aufstände und Rebellionen und der Sturz von Herrschern wie dem ehemaligen ägyptischen Machthaber Husni Mubarak, der nach Massenprotesten zurücktrat (Vgl. Stern.de, 2011[22]). Das jeweilige Kulturpotential einer Gesellschaft wird durch das Aufeinandertreffen von verschiedenen Kulturen und Lebensentwürfen vervielfacht. Damit wächst der kulturelle Bereich der Gesellschaft, der als Untersystem der Gesellschaft für die Entwicklung aller menschlichen Fähigkeiten und die Entstehung von Wissen und Bedeutung ausschlaggebend ist (Vgl. Bechmann, 2003: 19). Der kulturelle Hintergrund eines Menschen ist als sozialer Raum der Ursprung für seine Identität und gibt dem Menschen „ihre kognitive, affektive und ethnische Orientierung" (ebd.). Der Wunsch nach Selbstbestimmung, Selbstfindung und Freiheit fließt in die moderne Kultur mit ein, sodass an die Beschäftigung mit dem Selbst eine moderne Abneigung gegen die bürgerliche Gesellschaft gekoppelt ist (Vgl. Bell, 1976: 364). Dies hat einen Wertewandel in der modernen Gesellschaft zur Folge, denn „das Wertsystem des Kapitalismus mit seinem Wiederkäuen alter, in Wirklichkeit jedoch ausgehöhlter, da dem vom System selbst geförderten hedonistischen Lebensstil widersprechender Glaubensartikel ist mittlerweile endgültig überholt" (Bell, 1976: 366). Betrachtet man die Kultur einer Gesellschaft in ihrer Funktion als Identität, Sinn und Orientierung stiftenden Bereich, wirft diese Entwicklung die Frage auf, inwieweit vor allem Orientierung in der Wissensgesellschaft verloren geht. Die Abkehr von bürgerlichen Werten und Moralvorstellungen ist zugleich eine Abkehr von Glaubenssystemen wie der Religion. So war die Zahl der Austritte aus der katholischen Kirche im Jahre 2010 zum ersten Mal in der Geschichte höher als die Anzahl der Taufen (Vgl. Süddeutsche Zeitung, 2011[23]). Daniel Bell befürchtete bereits in den 1970er Jahren, dass die moderne Gesellschaft über kein tragfähiges Glaubenssystem

---

[21] Die Bundeszentrale für politische Bildung im Internet; abgerufen am 13.03.2012 unter http://www.bpb.de/themen/XLPYYY,0,Arabischer_Fr%FChling.html
[22] Abgerufen im Internet am 13.03.2012 unter http://www.stern.de/politik/ausland/herrschersturz-buergerkrieg-unterdrueckung-der-arabische-fruehling-eine-zwischenbilanz-1686844.html
[23] Die Süddeutsche Zeitung im Internet; abgerufen am 14.03.2012 unter http://www.sueddeutsche.de/politik/sinkende-mitgliederzahlen-kauder-liest-kirchen-die-leviten-1.1134582

verfüge, und sah darin den Grund „für ihre Widersprüchlichkeit und die schwerste Bedrohung für ihren Fortbestand" (Bell, 1976: 367).

Bevor sich im dritten Kapitel dieser Buches mit dem Wandel der sozialen Systeme Pädagogik und Journalismus in der Wissensgesellschaft befasst wird, werden an dieser Stelle die grundlegenden Kennzeichen der gesellschaftlichen Teilbereiche Wissen und Wissenschaft, Wirtschaft, Politik, Medien und Kultur in Form einer Mind-Map zusammengefasst:

Abb. 1: Teilbereiche der Wissensgesellschaft (Mind-Map)

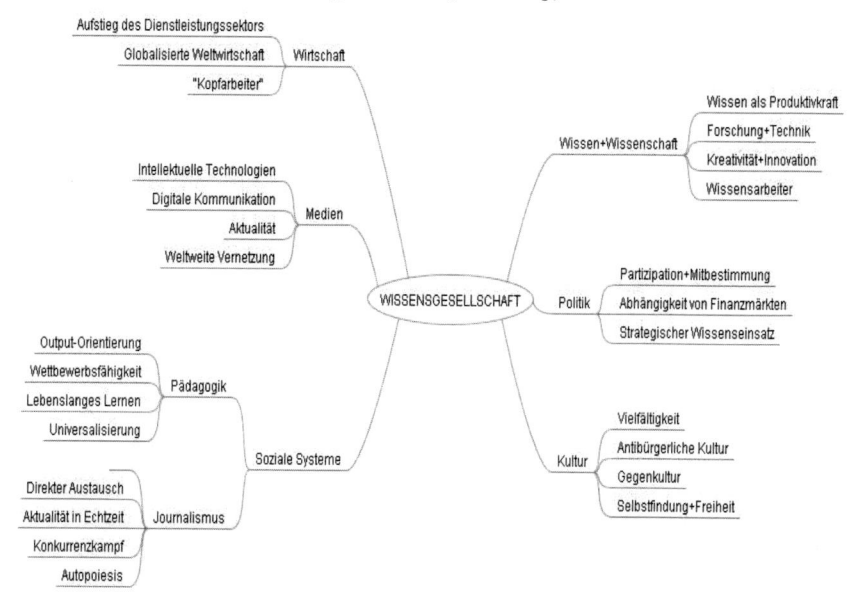

- **Wirtschaft**
  - Aufstieg des Dienstleistungssektors
  - Globalisierte Weltwirtschaft
  - "Kopfarbeiter"

- **Wissen+Wissenschaft**
  - Wissen als Produktivkraft
  - Forschung+Technik
  - Kreativität+Innovation
  - Wissensarbeiter

- **Medien**
  - Intellektuelle Technologien
  - Digitale Kommunikation
  - Aktualität
  - Weltweite Vernetzung

- **Politik**
  - Partizipation+Mitbestimmung
  - Abhängigkeit von Finanzmärkten
  - Strategischer Wissenseinsatz

- **Soziale Systeme**
  - **Pädagogik**
    - Output-Orientierung
    - Wettbewerbsfähigkeit
    - Lebenslanges Lernen
    - Universalisierung
  - **Journalismus**
    - Direkter Austausch
    - Aktualität in Echtzeit
    - Konkurrenzkampf
    - Autopoiesis

- **Kultur**
  - Vielfältigkeit
  - Antibürgerliche Kultur
  - Gegenkultur
  - Selbstfindung+Freiheit

3 Der Wandel sozialer Systeme in der Wissensgesellschaft

Neben den gesellschaftlichen Teilbereichen sind soziale Systeme ebenfalls einem Wandel unterworfen. Im folgenden Kapitel werden die beiden Systeme Pädagogik und Journalismus und ihre jeweilige Entwicklung in der Wissensgesellschaft skizziert. Das Ziel dieser Ausführungen besteht darin, erste Parallelen zwischen Pädagogik und Journalismus zu identifizieren, und das theoretische Fundament zu festigen, auf dessen Basis die Beantwortung der Frage nach Allianzen zwischen Pädagogik und Journalismus möglich wird.

3.1 Pädagogik

3.1.1 Ökonomisierung des Bildungssystems

Der Aufstieg des Wissens zur bedeutendsten Produktionsware in der Wissensgesellschaft hat gleichzeitig zur Folge, dass auch der Vermittlung von Wissen eine erhöhte marktwirtschaftliche Bedeutung zukommt. Der Einsatz von pädagogischen Fähigkeiten, die in den modernen Bildungsinstitutionen zur Anwendung kommen, zielt in erster Linie nicht mehr darauf ab, den Charakter jedes einzelnen Menschen zu erforschen und somit zu wissen, worauf sich der Wunsch des Zöglings richten werde (Vgl. Rousseau, 2011: 170). Für die Schule und Universität wird eher die Output-Orientierung wichtig, das bedeutet die Orientierung an der Verwendbarkeit und Verwertbarkeit des Wissens (Vgl. Müller / Stravoravdis, 2007: 24). Der technische und wirtschaftliche Erkenntnisfortschritt führt dazu, dass die Halbwertszeit dieses Wissens sinkt, sodass Wissen ständig überholt und aktualisiert wird (Vgl. ebd.: 22). Dies bedeutet gleichzeitig, dass das Wissen als ökonomisch verwertbare Ware für einen beschleunigten und dynamischen Wirtschaftsmarkt sorgt. Um Wissen als Produktivkraft zu generieren, ist ein ökonomisch zweckmäßiges Lehren und Lernen notwendig (Vgl. ebd.: 28). Somit entsteht ein „produktgeleitetes Verwendungswissen", das Kompetenzen hervorbringt, die in ökonomischer Hinsicht Wettbewerbsfähigkeit ermöglichen (Vgl. ebd.). Wissen wird zu einer wichtigen Ressource, deren Generierung und strategischer Einsatz über die globale Wettbewerbsfähigkeit einer Nation entscheidet, und damit letztlich über Reichtum und Armut. Für die Pädagogik ergibt sich daraus die Konsequenz, die bestehende Lernkultur in ihrem Kern zu verändern und den Schüler zu einem aktiven und selbständig lernenden Individuum zu formen. Die neue Lernkultur ist dadurch gekennzeichnet, dass der Lehrer in Lernprozessen nicht mehr als aktiver Vermittler im Mittelpunkt steht, sondern nur noch unterstützend, in Form eines Lernberaters, in Erscheinung tritt. Das Erlernen von Medienkompetenzen, die Fähigkeit zur Selbständigkeit und Reflexion werden zu Kernpunkten einer Pädagogik, die letztlich auf die Verwertbarkeit des von ihr vermittelten Wissens abzielt, denn „Lernen und Lehren werden unter den Gesichtspunkt marktabhängiger Produktivität gestellt" (Müller / Stravoravdis, 2007: 29). Desweiteren zeichnet sich die neue Lernkultur dadurch aus, dass sie individuelle Lernwege einschlägt und somit die Problemlösungs- und Handlungsfähigkeiten der Lernenden stärkt. Wenn in der Schule kooperatives, selbstgesteuertes und mediengestütztes Lernen (Vgl. Oerter u.a., 2010: 81-82) ermöglicht wird, fördert dies die Selbstlernkompetenz. Diese Fähigkeit, „sich selbstgesteuert und eigenverantwortlich neue Inhalte und Kompetenzen anzueignen und alle dabei erforderlichen Lernhandlungen auszuführen" (ebd.: 89), wird in einer verwissenschaftlichten Gesellschaft elementar. Eine neue Lernkultur kann daher nicht nur auf deren Zweckmäßigkeit für das ökonomisierte Bildungssystem reduziert, sondern als notwendige Anpassungsmaßnahme an die veränderten Lernbedingungen betrachtet werden. Eindeutig von einer Ökonomisierung lässt sich sprechen, wenn Bildungseinrichtungen oder bildungsbezogene Dienstleistungen in den geldvermittelten Handel einbezogen werden (Vgl. Liesner / Lohmann, 2010: 234). Diese Kommerzialisierung von Bildungsinstitutionen führt dazu, dass beispielsweise Schulen wie Wirtschaftsunternehmen geführt und gemanagt werden (Vgl. ebd.: 233). Der „Aktionsrat Bildung"[24] sprach sich 2007 dafür aus, dass Schulen zwar staatlich finanziert, aber von privaten Trägern geleitet werden sollen (Vgl. Focus Online, 2007[25]). Wird die Schule zum profitorientierten Wirtschaftsunternehmen, hätte dies für die Lehrer möglicherweise Folgen wie „leistungsbezogene Gehälter, befristete Verträge und verpflichtende Weiterbildungen" (ebd.). Die Zahlen des Statistischen Bundesamtes belegen, dass private Schulen einen konstanten Zulauf erleben. Lag die Anzahl der Schüler privater Einrichtungen im Schuljahr 2008/2009 noch bei 691.000 Schülern, was einem Gesamtanteil von 7,7 Prozent entspricht (Vgl. Liesner / Lohmann, 2010: 238), sind im Schuljahr 2010/2011 bereits 719.671 Schüler an einer Privatschule angemeldet. Dies

---

[24] Dem Aktionsrat Bildung gehören sieben namhafte Professoren an. Der Vorsitzende des Rates ist Professor Dr. Lenzen. (Quelle: *Focus Online*, 2007; im Internet abgerufen am 15.03.2012 unter http://www.focus.de/schule/schule/bildungspolitik/bildungsreform_aid_126000.html)
[25] Abgerufen im Internet am 15.03.2012 unter
http://www.focus.de/schule/schule/bildungspolitik/bildungsreform_aid_126000.html

entspricht einem Gesamtanteil von 8,2 Prozent (Vgl. Statistisches Bundesamt, 2012[26]). Ein weiteres ökonomisches Geschäftsmodell ist die Kooperation zwischen Schulen und Wirtschaftsunternehmen. Eine Umfrage des Ministeriums für Schule und Weiterbildung in Nordrhein-Westfalen hat ergeben, dass „bereits ein Drittel aller allgemein bildenden Schulen in NRW langfristige Partnerschaften mit Unternehmen pflegen" (Schulministerium NRW, o.J.[27]). Das Schulministerium Nordrhein-Westfalens hat 2804 Schulen jeder Schulart nach ihren Partnerschaften mit Unternehmen befragt. Das Ergebnis zeigen die folgenden Tabellen:

Tab. 2+3: Datenblatt zur Befragung "Partnerbetriebe für jede Schule in NRW"[28]

Gesamt	
Befragte Schulen	2804
Rücklauf	2453 (87,5%)
Schulen mit Partnerschaft	856 (34,9%)
Partnerschaften mit mehr als einem Unternehmen	402 (46,8%)
Integration der Partnerschaft in Netzwerke	339 (39,6%)
Schulen ohne Partnerschaft	1597 (65,1%)
- davon mit Partnerschaftswunsch	1329 (83,2%)
Anteil der Schulen mit Partnerschaft nach Schulform	
Hauptschulen	31,3%
Förderschulen	17,0%
Realschulen	39,0%
Gesamtschulen	53,4%
Gymnasien	46,2%

---

[26] Das Statistische Bundesamt im Internet; abgerufen am 19.03.2012 unter
https://www.destatis.de/DE/ZahlenFakten/GesellschaftStaat/BildungForschungKultur/Schulen/Tabellen/SchuelerPrivatenSchulen.html
[27] Das Schulministerium von Nordrhein-Westfalen im Internet; abgerufen im Internet am 15.03.2012 unter
http://www.schulministerium.nrw.de/BP/Schulsystem/Kooperationen/ZusammenarbeitSchuleWirtschaft/
[28] Quelle: Schulministerium NRW; abgerufen im Internet am 15.03.2012 unter
http://www.schulministerium.nrw.de/BP/Schulsystem/Kooperationen/ZusammenarbeitSchuleWirtschaft/Datenblatt/index.html

Die Ökonomisierung des Bildungssystems schlägt sich auch in den veränderten Begrifflichkeiten nieder: „von Bildung in *Humankapital*, von Kenntnissen und Fertigkeiten in *Kompetenzen*, von Bildung als *Bereitschaft zur Investition in die eigene Zukunft*" (Liesner / Lohmann, 2010: 236). Hinzufügen lässt sich der Begriff des Wissensmanagements, der sich „mit dem Erwerb, der Entwicklung, dem Transfer, der Speicherung sowie der Nutzung von Wissen" (Gabler Verlag, o.J.[29]) beschäftigt. Desweiteren erhalten Begriffe aus der wirtschaftlichen Terminologie wie Information, Erfolg, Effizienz, Optimierung und Performanz Einzug in das Bildungssystem (Vgl. Müller / Stravoravdis, 2007: 10). Auch der neuesten Bildungsreform kann vorgeworfen werden, den Ökonomisierungsprozess der Bildung weiter voranzutreiben. Die Einführung der Bachelor-Master-Struktur im Zuge des Bologna-Prozesses assoziierten manche Gegner mit der Betonung der Verwertbarkeit des Studiums auf dem Arbeitsmarkt und damit letztlich einer ökonomisierten Verwertung (Vgl. Banscherus u.a., 2009: 13). Bildung wird zu einer Ware, die beispielsweise von der französischen Universität Paris-Sorbonne und der amerikanischen Harvard-Universität in wohlhabende Bildungs-Regionen exportiert wird (Vgl. Spiegel Online, 2009[30]).

Zusammenfassend lässt sich konstatieren, dass die Ökonomisierung von Bildung und Erziehung „die Ausrichtung und Führung der Organisationen formeller und nichtformeller Bildung unter ökonomischen Gesichtspunkten, Schwerpunktsetzungen auf ökonomischen Lehrinhalten und Erwerb ökonomischer bzw. ökonomisch verwertbarer Kompetenzen, die Entwertung pädagogisch-emanzipatorischer Kriterien in der Bildung und die Ausrichtung von Bildung auf die Hervorbringung von Kompetenzen, Haltungen und Bereitschaften" (Kahlert in Engelhardt / Kajetzke, 2010: 145) meint. Daraus lässt sich, um mit den Worten des deutschen Erziehungswissenschaftlers Prof. Dr. Bernd Zymek zu sprechen, folgern: „Die Ökonomisierung der Bildung bedeutet vor allem eine historisch neue Dimension des Umgangs mit der Zeit der Menschen, einen Zugriff auf die Tageszeit, die Jahreszeit, die Lebenszeit von der frühen Kindheit bis ins Alter" (Zymek, 2005: 6).

---

[29] Gabler Verlag, Gabler Wirtschaftslexikon; im Internet abgerufen am 16.03.2012 unter http://wirtschaftslexikon.gabler.de/Archiv/55427/wissensmanagement-v6.html
[30] Abgerufen am 16.04.2012 unter http://www.spiegel.de/unispiegel/studium/0,1518,656790-2,00.html

3.1.2 Entgrenzungen

Die Globalisierung und die damit einhergehende weltweite Verflechtung von wirtschaftlichen und politischen Interessen haben dazu geführt, dass nationalstaatliche Grenzen aufgebrochen wurden. Zuvor lediglich national bedeutsame Themenfelder wurden internationalisiert und Europa ist wirtschaftlich und politisch zusammengewachsen (Vgl. Lange, 2011: 14). Dieses Phänomen der Aufhebung und Verschiebung von Grenzen wird als Entgrenzung beschrieben. Durch die Informations- und Kommunikationstechnologien ist es möglich geworden, Zeit und Raum zu überwinden. Die Folge: „Wir werden fast zeitgleich zu ablaufenden Ereignissen mit Bergen von Informationen überschüttet, ohne dass wir in einer entgrenzten Welt entscheiden könnten, welche wir brauchen und vor allem wie wir sie in unsere eigenen Entscheidungen einbauen. Entgrenzung bedeutet eben auch, die Filter der Informationsbegrenzung aufzugeben. Damit umzugehen ist für Politik und Unternehmen, aber auch für das Individuum in seinen Privatentscheidungen alles andere als leicht" (Lange, 2011: 23). In der Wissensgesellschaft betrifft diese Entgrenzung sämtliche gesellschaftlichen Bereiche und damit auch die sozialen Systeme. In Bezug auf die Pädagogik umschreibt dieser Prozess die Entwicklung, dass pädagogische Handlungen nicht mehr nur in den dafür vorgesehenen Bildungsinstitutionen, sondern auch beispielsweise im Betrieb oder in der Freizeit erfolgen. Somit wird die Fähigkeit zum lebenslangen Lernen elementar, da sie die Grundvoraussetzung bildet, „um aktuelle und zukünftige Anforderungen bei der Gestaltung unserer Gesellschaft erfolgreich zu bewältigen" (Müller / Stravoravdis, 2007: 219). Daher müssen in der Schule die entsprechenden Kompetenzen gelehrt und die Schüler darauf vorbereitet werden, dass sie Lernprozesse auch außerhalb von Bildungsinstitutionen durchlaufen werden. Diese Entgrenzung des Pädagogischen steht im Zusammenhang mit der bereits oben ausgeführten Ökonomisierung des Bildungssystems. Für den Universitätsprofessor Dr. Michael Winkler zeichnet sich längst ab, dass das Bildungssystem aus der staatlichen Verankerung gelöst und der Bildungsmarkt privaten Investoren und Trägern übergeben wird (Vgl. Winkler, 2006: 254). Winkler sieht in der Entgrenzung der Pädagogik die Auflösung des seit der Aufklärung bestehenden Zusammenhangs zwischen Staat und pädagogischem System (Vgl. ebd.). Desweiteren bedeutet für Winkler die Abkopplung von Staat und Pädagogik, dass der Anspruch, Chancengleichheit sicherzustellen, verschwindet (Vgl. ebd.). Dieser Argumentation hält Heike Kahlert entgegen, dass die in den 1950er Jahren eingeleitete

Bildungsexpansion dafür gesorgt habe, dass die Öffnung der höheren Bildung gelungen sei, da auch zuvor eher bildungsferne Schichten davon profitierten (Vgl. Kahlert in Engelhardt / Kajetzke, 2010: 146).

Die Entgrenzung von Pädagogik und Bildung und damit ihre Herauslösung aus institutionellen Kontexten wird vor allem im Ausbau von nicht-formellen und informellen Bildungsangeboten[31] deutlich. Im Zuge dessen pluralisieren und entgrenzen sich die Bildungsinstitutionen, sodass immer mehr private Bildungseinrichtungen und neue Lernorte entstehen (Vgl. Kahlert in Engelhardt / Kajetzke, 2010: 147). Diese Entwicklung führt dazu, dass die traditionellen Muster der Erziehungswissenschaft aufgebrochen werden, denn jene war in den vergangenen Jahrzehnten „in hohem Maße institutionen- und professionsorientiert" (Lüders / Kade / Hornstein, 1995 in Krüger / Helsper, 2007: 223-224). Die Grenzen zwischen pädagogischer und gesellschaftlicher Welt lösen sich in der Wissensgesellschaft auf, sodass „pädagogisches Handeln, Wissen und Reflexion zu einem festen, letztlich wohl nicht zu unterschätzendem Bestandteil unserer Kultur mutiert ist, das Alltag und gesellschaftliche Praxis in vielfacher Weise durchdringt, prägt, beeinflusst, vielleicht aber auch nur ziert, verunstaltet und begleitet" (ebd.: 226). Diese Pädagogisierung der Gesellschaft hat zur Folge, dass pädagogisches Handeln in gesellschaftlich relevanten Kontexten wie Fernsehsendungen[32] oder Ratgeber-Literatur zur Anwendung kommt. Für die ausgebildeten Pädagogen, die in den traditionellen Bildungsinstitutionen tätig sind, gilt es, sich gegenüber dieser neuen „Konkurrenz" zu behaupten, denn „die Entgrenzung des pädagogischen Feldes relativiert die Bedeutung der pädagogischen Strukturierung von Aneignung durch die pädagogische Profession und bringt sie in Konkurrenz zu anderen sich gesellschaftlich entwickelnden Formen pädagogischer Vermittlung" (Lüders / Kade / Hornstein, 1995 in Krüger / Helsper, 2007: 230). Für die professionalisierten Pädagogen besteht die Herausforderung darin, die pädagogischen Einflüsse aus anderen gesellschaftlichen Bereichen wie

---

[31] *Nicht-formelle* Bildung passiert außerhalb der hauptsächlichen Unterrichts- und Bildungsstrukturen oder parallel zu diesen, und führt meist nicht zum Erwerb offizieller Diplome. *Informelle Bildung* wird im täglichen Leben angeeignet und ist Lernen, das im Alltag, am Arbeitsplatz, im Familienkreis oder in der Freizeit stattfindet. Im Gegensatz zur *nicht-formellen Bildung* ist sie nicht in Unterrichtsformen integriert (Quelle: Schweizerische Unesco Komission. Organisation der Vereinten Nationen für Bildung, Wissenschaft und Kultur im Internet; abgerufen am 16.03.2012 unter http://www.unesco-nachhaltigkeit.ch/de/aktuell/medien.html?sword_list[0]=informelle&sword_list[1]=bildung

[32] Als Beispiel für eine Fernsehsendung, in denen pädagogische Handlungen eine wichtige Rolle spielen, lässt sich die RTL-Produktion „Super Nanny" anführen. Dort berät die ausgebildete Diplom-Pädagogin Katharina Saalfrank Familien in Erziehungsfragen. Die Sendung wurde jedoch zum Ende des Jahres 2011 eingestellt. Dazu die Wochenzeitung *Zeit* im Internet; abgerufen am 19.03.2012 unter http://www.zeit.de/kultur/2011-11/saalfrank-nanny-rtl

den Massenmedien nicht als Störung zu betrachten, die es zu neutralisieren und auszuschalten gilt, sondern diese Einflussnahme als logische Folge der Universalisierung des pädagogischen Wissens zu akzeptieren (Vgl. Lüders / Kade / Hornstein, 1995 in Krüger / Helsper, 2007: 230). Denn, um mit den Worten von Dr. Michael Klebl[33] zu sprechen: „Im Zuge einer Entgrenzung, die hier unmittelbar dem Phänomen der Globalisierung zugeordnet werden kann, eröffnen digitale Bildungsmedien folglich internationale Bildungsmärkte und globale Bildungsräume, die bekannte Vorstellungen und Leitlinien zur Verteilung bzw. Verfügbarkeit von Bildungsangeboten herausfordern" (Klebl, 2006: 4).

3.1.3 Neue Lernkultur

Um auf den internationalen Bildungsmärken und in den globalen Bildungsräumen erfolgreich zu agieren, sind erweiterte Kompetenzen notwendig. Deren Vermittlung ist die Kernaufgabe einer neuen Lernkultur, die bereits im Zusammenhang mit der Ökonomisierung des Bildungssystems in diesem Buch zur Sprache kam. Nach Auffassung von Erpenbeck und Sauer ist die neue Lernkultur als „Ausführungsprogramm für alle mit dem Lernhandeln verbundene Sozialitäten auf der kognitiven, kommunikativen und sozial-strukturellen Ebene zu verstehen" (Erpenbeck / Sauer in QUEM-Report Heft 67, 2001: 29). Die neue Lernkultur verfolgt also einen ganzheitlichen Bildungsanspruch, der die Selbstorganisation und Selbststeuerung von Lernprozessen zum Ziel hat. Die Grundlagen, die dazu befähigen, die dafür nötigen Kompetenzen zu erwerben, sollte die Schulbildung vermitteln, da sie zum Bestehen jedes Einzelnen in einer schnelllebigen Gesellschaft beitragen sollte (Vgl. Müller / Stravoravdis, 2007: 221). Im Mittelpunkt dieser Bemühungen steht der Erwerb von Lernkompetenz, „die die Kenntnisse, Fähigkeiten, Fertigkeiten, Gewohnheiten und Einstellungen umfasst, die für individuelle und kooperative Lernprozesse benötigt und zugleich beim Lernen entwickelt und optimiert werden" (ebd.: 223). Im Zuge dessen entwickelt sich eine neue Lernkultur, in der die Rolle der Lehrenden und der Lernenden neu definiert werden muss. Der Lehrende wird zum Lernberater, dessen Rolle nicht länger vorrangig darin besteht, aktiv Lerninhalte zu vermitteln, sondern den eigenen Inputanteil zu reduzieren, um die Selbstständigkeit der

---

[33] Prof. Dr. Michael Klebl hat den Lehrstuhl für Wirtschaftspädagogik mit dem Schwerpunkt berufliche Weiterbildung und Bildungsmanagement an der Wissenschaftlichen Hochschule Lahr (WHL) inne (Quelle: http://www.akad.de/hochschulen/unsere-hochschulen/wissenschaftliche-hochschule-lahr-whl/lehrstuehle/wirtschaftspaedagogik/); abgerufen am 02.04.2012

Schüler zu fördern. Die Schüler nehmen aktiv am Lernprozess teil und verlassen die Rolle des passiven Zuhörers. Auf diesem Weg werden sie zu Experten ihres eigenen Lernens und erwerben eine Lernkompetenz als basale Kompetenz, die individuelles und gemeinschaftliches Lernen ermöglicht (Vgl. Müller / Stravoravdis, 2007: 219). Für Jörg Knoll geschieht selbstorganisiertes Lernen, „wenn die Beteiligten Ziele, Inhalte, Methoden, Lernumgebung bzw. Organisationsformen und Prozesse ihres Lernens selber formulieren und gestalten, eigene Ressourcen wahrnehmen oder formulieren oder einsetzen, Lernbedürfnisse oder Bedürfnisse im Zusammenhang mit Befinden benennen und für ihre Erfüllung sorgen; Lernhindernisse bestimmen und Hilfen zu ihrer Überwindung organisieren, sich selbst als Lernende wahrnehmen und überprüfen, ob und wie sie ihre Ziele erreicht haben, also ihre Lernprozesse reflektieren" (Knoll, 1999: 71; zitiert in Schüßler, 2004: 12). Die Fähigkeit zu selbstorganisiertem Lernen, wie es Knoll beschreibt, ist Kern einer Lernkultur, die als Motor von Entwicklung und Innovation fungiert (Vgl. Erpenbeck / Sauer in QUEM-Report, Heft 67, 2001: 17). Um die Nachhaltigkeit des Lernens sicherzustellen, muss schulisches Lernen in enger Verbindung zum außerschulischen, sprich gesellschaftlichem Leben, stattfinden und gleichzeitig die Kompetenzen vermitteln, die dazu befähigen, verschiedene Lernorte zu nutzen (Vgl. Müller / Stravoravdis, 2007: 223). Diese Kompetenz lässt sich in mehrere Dimensionen aufgliedern:

Müller und Stravoravdis unterscheiden zwischen (1) Sachkompetenz, (2) Methodenkompetenz, (3) sozialer Kompetenz und (4) Selbstkompetenz. Sachkompetenz bezieht sich auf fächerübergreifende Zusammenhänge und Problemorientierungen. Hierbei geht es um den Erwerb und die Anwendung von Kenntnissen und Fähigkeiten und ihre Verknüpfung in Handlungszusammenhängen. Methodenkompetenz steht für die Fähigkeit, das eigene Lernen bewusst, zielorientiert, ökonomisch und kreativ zu gestalten. Die soziale Kompetenz ermöglicht es, Lernziele in Einklang mit anderen Lernbeteiligten zu bringen. Dabei steht im Zentrum, Verantwortungsbewusstsein für sich selbst und andere zu übernehmen, solidarisch zu handeln und eine Kooperations- und Konfliktfähigkeit zu entwickeln. Die Selbstkompetenz steht für die eigenen Einstellungen und Werthaltungen sowie Motivationen. Diese Fähigkeit beinhaltet zudem eine kritische Selbstwahrnehmung (Vgl. Müller / Stravoravdis, 2007: 223-224).

Die oben erwähnten Kompetenzen bilden eine neue Lernkultur, die dazu befähigen soll, die erforderliche Brücke zwischen Innovation, Entwicklung und Lernen zu schlagen (Vgl. Erpenbeck / Sauer in QUEM-Report, Heft 67, 2001: 18). Die Anwendung des theoretischen Konzeptes vom selbstgesteuerten Lernen in der täglichen Praxis der schulischen Lernprozesse ist an das veränderte Rollenverständnis der Lehrkräfte, eine veränderte Organisation von Schule, veränderte rechtliche Rahmenbedingungen und einen veränderten Zugriff auf Lerninhalte gekoppelt (Vgl. Martin in Hessisches Kultusministerium, 2009: 60). Neben Änderungen in den Schulstrukturen hängt das Gelingen von selbstorganisierten und selbstgesteuerten Lernprozessen von der Bereitschaft der Beteiligten ab. In der Lage zu sein, selbständig über Lernziele, Inhalte und Methoden, Lernwege und Strategien zu entscheiden sowie sich selbst beim Lernprozess zu beobachten, zu hinterfragen und zu reflektieren, setzt bereits grundlegende Kompetenzen voraus. Der Schüler muss die Fähigkeit besitzen, sich selbst zu motivieren oder sich zumindest durch andere Mitschüler motivieren zu lassen, sich über die eigenen Lernbedürfnisse bewusst zu sein, und zwischenzeitliche Lernergebnisse zu evaluieren sowie gegebenenfalls die gewählte Lernstrategie zu regulieren (Vgl. Schüßler, 2004: 31). Voraussetzung für den Erwerb von Selbstlernkompetenz ist also das Vorhandensein grundlegender Kompetenzen, deren Ausbildung im Elternhaus und in der Schule erfolgen muss. Damit sind nicht nur die basalen Kulturfertigkeiten Lesen, Rechnen und Schreiben gemeint, sondern vielmehr metakognitive Kompetenzen wie ein inhaltliches Vorwissen, das dazu befähigt, Informationen entsprechend ihrer Bedeutung für den Lernprozess einzuordnen und einzusetzen sowie ein bewusstes Verständnis der eigenen Stärken und Schwächen (Vgl. Friedrich / Mandel, 1997: S. 247 ff. in Schüßler, 2004: 32). Die Vermittlung dieser grundlegenden Kompetenzen ist Aufgabe der Erziehung, die damit die Voraussetzungen für die selbständige Teilhabe an Kultur und Gesellschaft liefert (Vgl. Tenorth, 2008: 25). Das Erziehungssystem kann demnach als notwendige Vorbereitung auf Bildungsprozesse und das lebenslange Lernen in der Wissensgesellschaft angesehen werden. Damit eine neue Lernkultur eine wirksame Antwort auf die Herausforderungen von Gesellschaft, Wissenschaft und Wirtschaft geben kann (Vgl. Gasser, 1999: 7), sind letztlich tiefgreifende strukturelle Veränderungen nötig. Dies wird besonders deutlich, wenn man die herkömmliche und die neue Lernkultur hinsichtlich ihrer Kennzeichen vergleicht:

Tab. 4: Vergleich Herkömmliche Lernkultur – Innovative Lernkultur[34]

Herkömmliche Lernkultur	**Innovative Lernkultur**
• Lernen ist gekennzeichnet durch festgelegte Ziele in Form von Lehrplänen.	• Lernen dient der Kompetenzentwicklung und dem Erwerb reflexiver Handlungsfähigkeiten.
• Lernen findet in strukturierten und traditionellen Lernumgebungen statt.	• Lernen findet mit Hilfe von neuen Medien überall in „natürlichen" Lernumgebungen und an unterschiedlichen Lernorten in Form von Erfahrungslernen statt.
• Lerninhalte werden als geschlossene Wissenssysteme oder zumindest als Teil eines solchen betrachtet.	• Wissen und Lerninhalte sind ständig erweiter- und austauschbar. Sie sind abhängig von individuellen und sozialen Kontexten. Wissen entsteht in komplexen Lernsituationen, Erfahrungswissen wird erworben und mit Theoriewissen verbunden.
• Erwerb von Theorie- und Fachwissen ohne großen didaktischen Aufwand steht im Mittelpunkt. Reproduktion und Anwendung von Wissen finden in vorhersehbaren, festgelegten Handlungssituationen statt.	• Wissen wird für die variable Anwendung in offenen und gestaltbaren Handlungssituationen konstruiert.
• Lernende sind passive Zuhörer, die imitieren und den Lernstoff aufnehmen.	• Lernende sind aktive Gestalter ihrer Lernprozesse. Sie lernen selbst organisiert und steuern ihre Lernprozesse eigenständig.
• Lehrende sind aktive Vermittler von Theoriewissen, die anleiten, zeigen und erklären.	• Lehrende sind Lernberater, die Hilfestellung geben und nur noch unterstützend eingreifen.
• Lernarrangement basiert auf „Erzeugungsdidaktik".	• Lernarrangement basiert auf „Ermöglichungsdidaktik".

---

[34] Quelle: Vgl. nach Dehnbostel, 2001 in Schüßler, 2004: S. 38

Die neue Lernkultur verlangt ein hohes Maß an Anpassungsfähigkeit, Variabilität und Kompetenzen. Sie ist ein Ausdruck der Entgrenzung des Pädagogischen und steht im Zusammenhang mit der Ökonomisierung des Bildungssystems und der Universalisierung von Wissen. Ein nachhaltiger, schülerorientierter Unterricht soll in den Schulen Einzug erhalten, damit die Schüler das „Handwerkszeug" erlernen, das benötigt wird, um auf dem schnelllebigen Wirtschaftsmarkt zu bestehen. Wichtig wird es sein, dass die Individualisierung des Unterrichts auf einem breiten Grundlagenfundament basiert, sprich, dass der Mensch weiterhin in den Mittelpunkt aller Anstrengungen gestellt und das neuhumanistische Ideal von der Bildung des Menschen zum Menschen weitergeführt wird (Vgl. Tenorth, 2008: 127). Um mit den Worten von Christa Schyboll[35] zu sprechen: „Wer es schafft, ein Problem zu durchschreiten, ohne auf der Schwelle der Lösung festzukleben, öffnet neue Türen für die Entwicklung der dazugehörigen theoretischen Grundlagen" (Schyboll[36]).

3.1.4 Bildung in der Pädagogik

Tenorth beschreibt die Bildung als Konstruktion von Moral und Ausbildung geistiger Kräfte und Fähigkeiten, durch deren Aneignung der Mensch gesellschaftlich handlungsfähig wird (Vgl. Tenorth, 2008: 18). Im Mittelpunkt des modernen Bildungsverständnisses steht demnach eine Bildung zur Autonomie und Selbstbestimmung. Bildungs- und Erziehungsprozesse zielen darauf ab, die Individuen auf die Herausforderungen des gesellschaftlichen Lebens vorzubereiten, indem sie mit modernen Hilfsmitteln einen Katalog an Kompetenzen vermitteln. Die Betonung der Handlungsfähigkeit im Zusammenhang mit dem Bildungsbegriff deutet darauf hin, dass die moderne Bildung vor allem darauf ausgelegt ist, die Fähigkeiten zu vermitteln, die zum Bestehen in der schnelllebigen Wissensgesellschaft benötigt werden. Dieser moderne Aspekt der Bildung steht in gewisser Weise im Gegensatz zu dem Bildungsbegriff, den Schiller und Humboldt gleichermaßen prägten, indem sie die Bildung des Menschen zum Menschen in den Mittelpunkt stellten und dadurch eine Bildung definierten, die sich „der unmittelbaren Verwertung und der ökonomischen Nutzung entzieht und sich nicht auf die »ro-

---

[35] Christa Schyboll arbeitete im Bereich Pressearbeit. Nebenberuflich war sie in gesellschaftlichen Gruppen aktiv und verfasste in diesem Zusammenhang mehrere Artikel für verschiedene Zeitschriften mit den Schwerpunktthemen Ökologie, Friedenspolitik, Pädagogik, Erziehungsfragen. (Quelle: http://www.gutzitiert.de/biografie_christa_schyboll-bio2485.html).
[36] Zitiert aus dem Internet; abgerufen am 22.03.2012 unter
http://www.gutzitiert.de/zitatebysearch.php?search=durchschreiten

he«, sinnliche Natur begrenzt" (Tenorth, 2008: 127). Mit der Handlungsfähigkeit hält ein Begriff Einzug in die Bildung, der in Rechts- und Wirtschaftslexika als die „Fähigkeit, durch eigenes Handeln Rechtswirkungen herbeizuführen, insbesondere Rechte zu erwerben und Pflichten zu begründen" (Rechtslexikon, o.J.[37]) und in Kurzform als „Fähigkeit, rechtswirksam zu handeln" (Gabler Verlag, o.J.[38]) definiert wird. Die Ergründung der wahren Natur des Menschen und seine Bestimmung sowie die Formung des Charakters, die kennzeichnend für das neuhumanistische Bildungsideal sind, haben in der Verwertungslogik von Bildungsprozessen keinen Platz mehr, könnte die Argumentation lauten. Allerdings gewinnt die Bildung angesichts der Aufwertung von Wissen und Qualifikationen an Bedeutung, sodass sie neben der Arbeit „als Form der Lebenserfüllung" (De Haan / Poltermann, 2002: 29) und damit letztlich als Möglichkeit der Verwirklichung von Persönlichkeit und Individualität angesehen werden kann. Die Bildung in der Wissensgesellschaft ist folglich durch den Widerspruch zwischen Verwertungslogik und Individualisierung gekennzeichnet. Daraus lässt sich die Vermutung ableiten, dass Bildungsaufträge in der Wissensgesellschaft, die in Schulen und Universitäten ausgeführt werden, ebenfalls einen widersprüchlichen Charakter besitzen. Um den Charakter pädagogischer Bildungsaufträge angesichts von Ökonomisierung, Entgrenzung und neuer Lernkultur bestimmen zu können, ist es wichtig, folgender Frage von Arnim und Ruth Kaiser nachzugehen: „Welche Kenntnisse, Fähigkeiten, Fertigkeiten muss jemand besitzen, um in der Wissens- oder der kognitiven Gesellschaft bestehen zu können?" (A. Kaiser / R. Kaiser, 1981: 244). Gleichzeitig muss die Frage gestellt werden, inwieweit die ökonomische Verwertungslogik von Bildungsprozessen es zulässt, dass sich pädagogische Bildungsaufträge auch damit beschäftigen können, *wer* der jeweilige Mensch ist und nicht nur *was* er kann und welche Kompetenzen und Fähigkeiten er besitzt. Um der Beantwortung dieser Fragen näher zu kommen, lohnt ein Blick auf die Kompetenzen und das Wissen, deren Einzelinhalte sowie deren Affinität zu Strukturmerkmalen der Wissensgesellschaft.

---

[37] Abgerufen am 27.03.2012 im Internet unter http://www.rechtslexikon-online.de/Handlungsfaehigkeit.html
[38] Gabler Wirtschaftslexikon; abgerufen am 27.03.2012 im Internet unter http://wirtschaftslexikon.gabler.de/Archiv/6239/handlungsfaehigkeit-v4.html

Tab. 5: Wissen und Kompetenzen in der Wissensgesellschaft[39]

Kompetenzen und Wissen	Einzelinhalte	Affinität zu Strukturmerkmalen der Wissensgesellschaft
Instrumentelle Kompetenzen	Allgemeine Grundlagen und Kulturtechniken: Fremdsprachenkenntnisse, klassische Kulturtechniken, Logik, Technikverständnis	Informationsflut, Verfügung über Wissen
	Umgang mit Informationstechniken: Kenntnis moderner Medien, Beherrschung von Programmen, gezieltes Suchen und Auswählen von Informationen	Abrufbereitschaft von Informationen; Umwandlung von Informationen in Wissen
Personale Kompetenzen	Persönliches Erfahrungswissen: Selbstbewusstsein, Selbstmanagement, Umgang mit Gefühlen	Wissensmanagement
	Persönliche Fähigkeiten zum Umgang mit Wissen: Neugier, Reflexionsfähigkeit, Urteilsvermögen	Permanente Revision von Wissen
Soziale Kompetenzen	Kommunikative Kompetenzen: Sprachliche Ausdrucksfähigkeit, Teamfähigkeit, Moderation	Person- und Gruppenorientierung
	Soziale Verantwortung: Toleranz, Rücksicht, Solidarität	Person- und Gruppenorientierung
Inhaltliches Basiswissen	Wissen über aktuelle Probleme: Bildung und Beruf, Ökologie, Europäische Integration	Globalisierung

Bei der Betrachtung dieser Tabelle fällt auf, dass vor allem die instrumentellen Kompetenzen, in deren Mittelpunkt der Umgang mit den Informationstechniken und die Verarbeitung von Informationen stehen, die zumindest quantitativ meisten Anforderungen beinhalten. Auch die personalen Kompetenzen zielen vor allem auf den Umgang mit Wissen ab. Diese Tabelle verstärkt den Eindruck, dass Bildung zu einer Bildung der Kompetenzen geworden ist.

Für die pädagogischen Bildungsaufträge, die in Schulen und Universitäten täglich zur Anwendung kommen, bedeutet dies zwangsläufig einen Strukturwandel, der sich aus dem Wandel des Allgemeinbildungsverständnisses herleiten lässt: Allgemeine Bildung hat nicht mehr vorrangig das Ziel, das Individuum zusammenzuhalten und ihm eine Form zu geben, sondern die Bildung soll die Gesellschaft zusammenhalten (Vgl. De

---

[39] Quelle: A. Kaiser und R. Kaiser, 1981: 245

Hann / Poltermann, 2002: 30). Damit verändert sich in der Wissensgesellschaft der Kern der Allgemeinbildung, denn nun sollen soziale und kommunikative Lernkompetenzen, ethische Orientierungen und der Erwerb traditioneller und moderner Kulturtechniken es erlauben (Vgl. ebd.), „auf den gesellschaftlichen Wandel ebenso zu reagieren wie auf differente Lebenslagen und veränderte Ansprüche in der Kommunikation wie in der Teilhabe an der Kultur wie Politik und Gesellschaft" (ebd.). Der Bildungsauftrag der Schule in der Wissensgesellschaft sieht daher vor, die schulische Ausbildung mit den Standards zu vereinbaren, die außerhalb der Schule in der Aus- und Weiterbildung und in der Arbeitswelt gelten (Vgl. Hessisches Kultusministerium, 2009: 32).

Entscheidend wird es dabei sein, ob die Schule dem wachsenden ökonomischen Druck gewachsen sein wird und ihren Bildungsauftrag erfüllen kann. Dieser liegt laut Paragraph 3 des Hessischen Schulgesetzes darin, den Unterricht so zu gestalten, „dass die gemeinsame Erziehung und das gemeinsame Lernen aller Schülerinnen und Schüler in einem möglichst hohen Maße verwirklicht wird und jede Schülerin und jeder Schüler unter Berücksichtigung der individuellen Ausgangslage in der körperlichen, sozialen und emotionalen wie kognitiven Entwicklung angemessen gefördert wird" (§ 3 des Hessischen Schulgesetzes in Hessisches Kultusministerium, 2009: 35). Damit dieser Bildungsauftrag auch in der Wissensgesellschaft in die Tat umgesetzt werden kann, sind nun sogenannte Bildungsstandards vorgegeben, deren Ergebnisse als die Kompetenzen der Lernenden definiert werden (Vgl. Tenorth, 2008: 369). Die Einhaltung dieser Standards wird mit Hilfe eines Bildungsmonitorings, das die methodisch organisierte Beobachtung des Bildungssystems vorsieht, kontrolliert (Vgl. ebd.). Kennzeichnend für das neue Verständnis von Schule in der Wissensgesellschaft ist die Tatsache, dass der Schule eine wachsende Eigenverantwortung zukommt, sodass „die Schulen in den Dimensionen von Finanzen, Personal und Programmen, also mit einem eigenen Etat, mit stärkeren Zuständigkeiten bei der Einstellung von Lehrkräften und mit Selbständigkeit auch bei den Lehrplänen und Inhalten tatsächlich ein eigenes Profil ausbilden und die Wirklichkeit ihrer Schularbeit jenseits sozialer Kontrollen und bürokratischer Interventionen selbst gestalten können" (Tenorth, 2008: 369). Die Kehrseite dieser zunehmenden Autonomie von Schulen zeigt sich in der Befürchtung, dass die Schulen die wachsende Eigenverantwortung eher als Belastung denn als Autonomisierung begreifen, da vor allem bürokratische Vorgaben die Umstellung erschweren (Vgl. Tenorth, 2008: 369).

Die Umsetzung pädagogischer Bildungsaufträge in der Wissensgesellschaft hängt also vor allem davon ab, inwiefern die alten Strukturen der Schulen aufgebrochen und die nicht vorhandenen finanziellen Ressourcen erfolgreich bekämpft werden können (Vgl. Braun, 2012: Interview. Siehe Anhang, S. 112). Die entscheidende Aufgabe wird es in diesem Zusammenhang sein, den Widerspruch zwischen selbständigem Arbeiten, Flexibilität und festen, hierarchischen Strukturen aufzuheben. Dies ist besonders schwierig, denn „die Schule ist hierarchisch wie kein anderes System" (ebd.). Viele Lehrer müssen neben ihrer Haupttätigkeit als Lehrperson bürokratische Aufgaben bewältigen und werden stark durch die Vorgaben der Ministerien reglementiert (Vgl. ebd.). Damit pädagogische Bildungsaufträge gemäß den Anforderungen einer Wissensgesellschaft in die Tat umgesetzt werden können, sind also tiefgreifende Strukturveränderungen nötig, die auf das Handeln der zuständigen Ministerien angewiesen sind. Um mit den Worten des englischen Philosophen Herbert Spencer zu sprechen: „Das große Ziel der Bildung ist nicht Wissen, sondern Handeln" (Spencer in Knischek, 2009: 204).

3.2 Journalismus

3.2.1 Verlust des Informationsmonopols

Die Bedeutungssteigerung des Wissens und vor allem die damit einhergehende wachsende Verfügbarkeit von Informationen und Wissen wirkt sich gravierend auf das soziale System Journalismus aus. Per Internet werden aktuelle Informationen nahezu in Echtzeit auf der ganzen Welt verbreitet. Nach Bekanntwerden eines wichtigen Ereignisses liefern mehrere Quellen innerhalb einer kurzen Zeitspanne die ersten Informationen. Die modernen Kommunikationstechnologien ermöglichen eine nie zuvor da gewesene unmittelbare Aktualität, die sich darin äußert, dass via Twitter und Facebook bereits Tendenzen und Anzeichen eines bevorstehenden Ereignisses auf der ganzen Welt publik gemacht werden können. Via Internet kann es dann in Einzelfällen passieren, dass Daten und Fakten bereits vor der offiziellen Bekanntgabe im Netz kursieren und öffentlich gemacht werden. So geschehen bei den Landtagswahlen 2009 im Saarland, in Sachsen und Thüringen, als per Twitter erste Hochrechnungen bereits eineinhalb Stunden vor Schließung der Wahllokale im Internet verfügbar waren (Vgl. Spiegel Online,

2009[40]). Das Internet bietet mit den darin beheimateten Nachrichtendiensten Twitter, Facebook und Co., anhand von unmittelbarer Aktualität und weltweiten Verbreitungsmöglichkeiten von Informationen, neue Angebots- und Entfaltungsräume für journalistische Angebote, wie beispielsweise die journalismusähnliche Form der Weblogs (Vgl. Blöbaum in Behmer u.a., 2005: 41). Ein Weblog (Blog) ist eine Art virtuelles Tagebuch, das in Form einer Webseite geführt wird. Die Weblogs werden „zur Beschleunigung des Informationsflusses, zur schnellen Verbreitung von Informationen und zum Informationsaustausch benutzt und sind ein Charakteristikum von Web 2.0" (Online-Lexikon für Informationstechnologie, o.J.[41]).

Für den professionalisierten Journalismus bedeutet diese Entwicklung in erster Linie den Verlust des Informationsmonopols. Diese tiefgreifende Veränderung führt zu einem strukturellen Wandel des Journalismus, der sich unter anderem in den journalistischen Organisationen, dem Rollenverständnis und den Programmen niederschlägt. Als journalistische Organisationen lassen sich in erster Linie die Redaktionen anführen, die im Zuge des wachsenden Einflusses von Ökonomie und modernen Technologien auf den Journalismus durch mehrere Differenzierungsvorgänge charakterisiert sind. Diese zeigen sich beispielsweise in der Entstehung von Medien-, Service- und Marketingredaktionen (Vgl. Blöbaum in Behmer u.a., 2005: 51). Hinsichtlich des journalistischen Rollenverständnisses lässt sich konstatieren, dass sich die Wechselbeziehungen zwischen Journalist und Rezipient mit der Möglichkeit des direkten Austausches über digitale Nachrichtendienste nachhaltig verändert haben. Den Internetnutzern steht eine direkte Feedback-Option zur Verfügung, sodass die Journalisten ein Gespür dafür entwickeln können, wie ihre Leserschaft auf bestimmte Themen reagiert. Im Online-Journalismus ist damit die Orientierung am Rezipienten noch wichtiger als bei den klassischen Printmedien (Vgl. Günzler, 2010: 5). Der Wandel journalistischer Programme umfasst diejenigen Praktiken, „die sich im Journalismus zur Sammlung, Selektion, Bearbeitung, Vermittlung und Kontrolle von Informationen zur öffentlichen Kommunikation gebildet haben" (Blöbaum in Behmer u.a., 2005: 54).

---

[40] Abgerufen im Internet am 28.03.2012 unter
http://www.spiegel.de/netzwelt/web/0,1518,645907,00.html
[41] Online-Lexikon für Informationstechnologie im Internet; abgerufen am 28.03.2012 unter
http://www.itwissen.info/definition/lexikon/weblog-Blog-Weblog.html

Blöbaum unterscheidet in diesem Zusammenhang zwischen (1) Ordnungsprogrammen, (2) Darstellungsprogrammen, (3) Informationssammelprogrammen, (4) Selektionsprogrammen und dem (5) journalistischen Prüfprogramm. Mit Hilfe von *Ordnungsprogrammen* werden Informationen durch Zuordnung zu einem Ereignis oder Thema journalistisch organisiert. Als ordnungsschaffende Elemente können an dieser Stelle Redaktionen, Ressorts und Rubriken genannt werden. *Darstellungsprogramme* verkörpern die Formen und Techniken von journalistischen Beiträgen wie Interviews, Reportagen, Berichte und Kommentare. Die *Informationssammelprogramme* dienen der Generierung von Informationen. Dies geschieht am häufigsten in Form von Recherche. Mit Hilfe von *Selektionsprogrammen* werden die Kriterien festgelegt, die über die Bearbeitung der vorliegenden Informationen entscheiden. Solche Kriterien sind beispielsweise Aktualität, Relevanz und lokaler Bezug. Das journalistische *Prüfprogramm* hat dann zuletzt noch die Funktion, die Informationen auf deren Richtigkeit zu überprüfen (Vgl. Blöbaum in Behmer u.a., 2005: 54-55).

Bei Betrachtung dieser Aufgliederung der journalistischen Arbeitselemente fällt auf, dass die Verbreitung neuer Informationsmedien enorme Auswirkungen auf jedes einzelne journalistische Element hat. Informationen in Form von Recherche zu sammeln, ist aufgrund der weltweiten Verfügbarkeit zahlreicher Informationen im Internet jedem Nutzer prinzipiell möglich. Die Dynamik selektierender Kriterien wie der Aktualität nimmt drastisch zu, da Ereignisse und Informationen nahezu in Echtzeit an die Öffentlichkeit gelangen. Der technische Fortschritt hat zudem erhebliche Folgen für die Darstellungsprogramme des Journalismus, da die Erstellung audio-visueller Beiträge enorm vereinfacht worden ist. Das Internet etabliert eine Mitmachkultur, in der es möglich ist, mediale Inhalte ohne teures Equipment zu erstellen und zu veröffentlichen. Nur ein Computer mit Internetanschluss ist erforderlich. Im Netz kursieren mittlerweile etliche sogenannte Open-Source, sprich kostenlose Programme, die beispielsweise das Schneiden und Bearbeiten von Videoaufnahmen ermöglichen. Um Inhalte im Internet zu veröffentlichen, sind also keine speziellen Kenntnisse oder teures Equipment nötig. Dies führt dazu, dass die medialen Inhalte explosionsartig anwachsen, somit wird „der Konkurrenzkampf um die Aufmerksamkeit der Nutzer, die wichtigste »Währung« im Internet, heute größer und härter ausgefochten denn je" (Simons, 2001: 8). Die Verfügbarkeit einer schier unendlichen Menge an Informationen, die im Netz digital verarbeitet und archiviert werden, sorgt dafür, dass der Journalist seinen exklusiven Zugang zu Informationen verliert, denn mit der Verbreitung des Internets müssen die Bürger nicht mehr auf Mitteilungen von Presse, Funk und Fernsehen warten, um an Informationen zu gelangen, sondern können selbst die Internetseiten von Behörden, Firmen und Ministerien anklicken und beispielsweise Pressemitteilungen lesen (Vgl. Stumberger in Heise Online-Magazin, 2012[42]). Verlagsgruppen und Zeitungen verlagern daher ihre aktuelle Berichterstattung immer mehr ins Netz, sodass das Internet in steigendem Maße als Quelle für Erstinformationen genutzt wird (Vgl. Simons, 2001: 8). Die aktuelle Berichterstattung im Internet wird mit Web-Videos und Blogs erweitert, was laut Simons allerdings nicht ausreichend sei, denn Medienunternehmen müssten künftig noch mehr Kanäle mit Inhalten füllen (Vgl. ebd.: 8-9). Um dies zu bewerkstelligen, bräuchten sie jedoch mehr Personal. Aufgrund von Sparmaßnahmen werden die Redaktionen allerdings auf Kosten der Qualität verkleinert (Vgl. ebd.: 9). Simons fasst die Kritikpunkte und Befürchtungen im Hinblick auf das Internet und den Journalismus wie folgt zusammen: „Das Web 2.0 gefährdet also nicht nur journalistische Arbeitsplätze in den klassischen Medienunternehmen, es gefährdet auch den Qualitätsjournalismus als vierte Macht im Staate und damit die Demokratie" (ebd.). Dieser Behauptung widerspricht der deutsche Journalist Prof. Dr. Volker Lilienthal[43], der die Netzöffentlichkeit als „neue Qualität der Demokratie" beschreibt und das Internet als Bereicherung für die aufgeklärte Öffentlichkeit ansieht (Vgl. Lilienthal in Meyer-Lucht, 2011[44]).

Es lässt sich also festhalten, dass das Internet zwar den klassischen Journalismus in seinen Grundfesten erschüttert, indem es sowohl den Verlust des Informationsmonopols der Journalisten zur Folge hat als auch den Qualitätsjournalismus bedroht, aber zugleich auch zahlreiche neue Möglichkeiten bietet, wie die Kombinierung von Audio, Video und Text, sodass eine multimediale Berichterstattung in den Fokus rückt, welche gleichermaßen Aktualität, Vielfalt und Qualität gewähren kann. Um Qualität in der digitalen Berichterstattung dauerhaft zu gewährleisten, ist die Erschließung von digitalisierten Umsatzmärkten erforderlich. Entscheidend für die Zukunft wird es also sein, wie die Zeitungen und Verlage ihre Berichterstattung im Internet platzieren und ob sie Wege finden, mit dem Online-Journalismus ausreichend Gelder zu erwirtschaften. Um mit den Worten des New Yorker Journalismus-Professors Jay Rosen zu sprechen:

---

[42] *Heise Online*-Magazin im Internet; abgerufen am 29.03.2012 unter http://www.heise.de/tp/artikel/36/36100/1.html
[43] Der deutsche Journalist Volker Lilienthal ist Professor für die Praxis des Qualitätsjournalismus an der Universität Hamburg.
[44] CARTA (Blog für digitale Öffentlichkeit, Politik und Ökonomie im Internet; abgerufen am 15.04.2012 unter http://carta.info/38466/live-blog-zur-kulturausschuss-anhoerung-zur-zukunft-des-qualitaetsjournalismus/

"Right now there is no business model in news. We are between platforms. We understand the factors that are ending the current model, but nothing has changed yet" (Rosen in Netzwertig.com, 2009[45]).

3.2.2 Entgrenzungen

Der Verlust des Informationsmonopols und die zunehmende Verlagerung der Berichterstattung in das Internet sind Teil einer Entwicklung, die sich als Entgrenzung des Journalismus beschreiben lässt. Dieser Prozess ist ein typisches Merkmal der Globalisierung, das bereits in Kapitel 2 des vorliegenden Buches in Bezug auf die Pädagogik untersucht worden ist. Die Entgrenzung ist auch im Hinblick auf den Journalismus als Auflösung von Grenzen zu begreifen, die dazu führt, dass der Journalismus seine Konturen als Sinn- und Handlungszusammenhang verliert und nicht mehr als Einheit darstellbar erscheint (Vgl. Weischenberg, 2001: 77 in Neuberger, 2004: 2). Angesichts der strukturellen Veränderungen und Neuheiten im journalistischen System stellt sich die Frage, ob es legitim erscheint, dass nur „journalistisch ist, was dem klassischen Journalismus entspricht, also redaktionell organisiert ist" (Bucher / Büffel in Behmer u.a., 2005: 86). Die Grenzen zwischen Teilbereichen wie Unterhaltung, Politik, Werbung und Journalismus verschwimmen, sodass es zu journalismusähnlichen Mischformen kommt. Ist eine Mischform nicht als eine solche gekennzeichnet, und es fehlen die entsprechenden Hinweise, sodass beispielsweise ein Werbebeitrag in einer Zeitung als ein redaktioneller Artikel wahrgenommen werden kann, lässt sich von einer Entgrenzung des Journalismus sprechen, da jener durch falsche Signale imitiert wird, um von dessen Glaubwürdigkeitsbonus zu profitieren (Vgl. Neuberger, 2004: 4). Während diese Form der Entgrenzung gegen den Pressekodex verstößt[46], ist dies bei Fällen der Vermischung von Dokumentation und Fiktion sowie Nachrichten und Meinung nicht der Fall (Vgl. Pöttker in Behmer u.a., 2005: 124). Diese Vermischungen erschweren es dem

---

[45] Im Internet abgerufen am 16.04.2012 unter http://netzwertig.com/2009/02/12/zukunft-der-medien-journalismus-ohne-zeitung/
[46] In den Richtlinien zu Ziffer 7 des Pressekodex vom Deutschen Presserat heisst es wortgemäß: *„Die Verantwortung der Presse gegenüber der Öffentlichkeit gebietet, dass redaktionelle Veröffentlichungen nicht durch private oder geschäftliche Interessen Dritter oder durch persönliche wirtschaftliche Interessen der Journalistinnen und Journalisten beeinflusst werden. Verleger und Redakteure wehren derartige Versuche ab und achten auf eine klare Trennung zwischen redaktionellem Text und Veröffentlichungen zu werblichen Zwecken. Bei Veröffentlichungen, die ein Eigeninteresse des Verlages betreffen, muss dieses erkennbar sein"* (Quelle: Der Deutsche Presserat, 2008; im Internet abgerufen am 02.04.2012 unter http://www.presserat.info/inhalt/der-pressekodex/pressekodex/richtlinien-zu-ziffer-7.html

Leser und Nutzer, den journalistischen Anteil der Vermittlung von Informationen und Fakten zu identifizieren, da objektiv Gegebenes sich mit subjektiven Empfindungen und Erfindungen zu einem Gesamtprodukt vermischt. In diesem Zusammenhang gibt der Journalist immer häufiger seine neutrale Beobachterposition auf und widmet sich verstärkt der Inszenierung von Ereignissen zwecks der Erschließung neuer Themen, über die im Anschluss berichtet werden kann (Vgl. Neuberger, 2004: 6). Folgt man dieser Argumentation von Neuberger, entsteht die Vermutung, dass der Journalismus sich als Disziplin zum Teil selbst entgrenzt, indem er verschiedene Dimensionen miteinander vermischt und seine vorrangigen gesellschaftliche Aufgaben – Herstellung von Öffentlichkeit und Orientierungsleistungen – zwar nicht aufgibt, aber zumindest verschleiert.

Ein weiterer Beleg für die Entgrenzung des Journalistischen findet sich in der Gratis- und Mitmachkultur, die sich im Internet aufgrund des freien Zugangs zu Informationen, Nachrichten und Programmen etabliert hat. Im Netz besteht die Möglichkeit der ausgiebigen Recherche und des Verfassens von Artikeln, die mit diversen Quellenlinks bestückt werden können. Steht ein solcher Artikel online, können Nutzer auf der ganzen Welt reagieren und ihrerseits neue Quellen und eigene Artikel beisteuern, wie das Beispiel des Online-Lexikons Wikipedia zeigt. Auf diese Weise entwickelt sich ein autopoietisches System, das den Wert einer journalistischen Leistung zunehmend in Frage stellt (Vgl. Börnsen in Blogfraktion.de, 2011[47]). Somit wird die Redaktion als organisiertes System in ihrer Funktion als Zentrale der „Informations-Experten" abgelöst durch eine als System organisierte Kommunikationsgemeinschaft (Vgl. Bucher / Büffel in Behmer u.a., 2005: 88). Es lässt sich folglich von einem Trend der Dezentralisierung von journalistischen Handlungsmustern sprechen, da anstelle redaktioneller Recherchetechniken Qualität nun in Form von Selbststeuerung im dezentralen Netzwerk gesichert wird (Vgl. Kotowski, 2008: 16). Mit dem Web 2.0 sind journalistische Beiträge nicht länger an Zeitungen, Zeitschriften und Magazine gebunden. Ähnlich wie bei der Entgrenzung der Pädagogik (Vgl. Kapitel 3.1.2) findet auch beim Journalismus eine Deinstitutionalisierung statt, die mit einer wachsenden Individualisierung und Kompetenz- und Wissenserweiterung der einzelnen Akteure verbunden ist. Mit Hilfe der modernen Kommunikations- und Informationstechnologien kann jeder Einzelne seine passive Rolle als Konsument, Leser und Zuschauer aufgeben und in die Rolle der Re-

---

[47] Blogfraktion.de im Internet; abgerufen am 22.04.2012 unter http://blogfraktion.de/2011/02/18/die-zukunft-des-journalismus/ : Auf Blogfraktion.de im Internet bloggen Fachleute aus Wissenschaft, Wirtschaft und Politik sowie Abgeordnete der CDU/CSU-Fraktion.

dakteure, Rezensenten, Kritiker, Produzenten und Autoren schlüpfen (Vgl. Simons, 2011: 100). Nachrichten im Internet ermöglichen zudem einen intensiven Austausch zwischen den professionellen Journalisten und den Nutzern der Angebote. Die Kommentarfunktion innerhalb eines Online-Artikels ermöglicht es dem Nutzer, unmittelbar nach der Veröffentlichung des Artikels auf die Ausführungen des professionellen Journalisten zu reagieren und den Artikel zu kommentieren. In diesem Zusammenhang kommt das neue Konzept vom aktiven Nutzer zum Tragen, denn mit Hilfe der Kommentarfunktion lassen sich Ergänzungen und weiterführende Quellen zu dem vorhandenen Artikel hinzufügen. Die Ausführungen des Journalisten unterliegen somit einer sichtbaren Öffentlichkeit, die gegebenenfalls in der Lage ist, die Berichterstattung auf Fehler und Unzulänglichkeiten zu überprüfen. Die folgende Tabelle von Neuberger dient dazu, aufzuzeigen, welche externen Grenzen zwischen dem Journalismus und anderen Kommunikationsformen eigentlich bestehen und de facto, wie oben erläutert, im Begriff sind, sich aufzulösen:

Tab. 6: Externe Grenzen gegenüber anderen Kommunikationsformen[48]

Dimension	Journalismus	Nicht-Journalismus
Autonomie	redaktioneller Teil	Werbung
Leistungen	Information	Unterhaltung
Verhältnis zu Bericht-Erstattungsobjekten	neutrale Beobachtung	Inszenierung
Realitätsbezug	Fakten	Fiktionen
Rollen	Mediator	(Nur-) Kommunikator
Verhältnis zu Nutzern	Massenkommunikation	Individualkommunikation
Zeit	zeitliche Aktualität	Archivierung

Neben der Vermischung von Informationen und Unterhaltung sowie Objektivität und Subjektivität wird mit der Einführung des Web 2.0 zudem die Kombinierung von Audio-, Video- und Printbeiträgen möglich. Zahlreiche Medienunternehmen nutzen diese Möglichkeit und ergänzen ihre im Netz veröffentlichten Artikel mit Videos und Bildern. Diese Vorgehensweise hat sich mittlerweile in dem Maße etabliert, dass Verlage und Zeitungen Videojournalisten ausbilden und beschäftigen, die Nachrichtenvideos selbst produzieren. Diese Eigenproduktionen werden meist anlässlich lokaler oder regionaler

---

[48] Quelle: Neuberger, 2004: 3

Ereignisse erstellt und umfassen News-Magazine, Talk-Formate und Live-Berichte (Vgl. Simons, 2011: 31). Die weltweite Vernetzung durch das Internet sorgt zudem dafür, dass auch Internetnachrichtenportale aus aller Welt angeklickt werden können, sodass dem Nutzer ein differenziertes und umfangreiches internationales Informationsnetz kostenlos zur Verfügung steht. Welche internen Grenzen zwischen den journalistischen Subsystemen im Zuge der Entgrenzung des Journalismus ineinander verschwimmen, verdeutlicht die folgende Tabelle von Neuberger:

Tab. 7: Interne Grenzen zwischen journalistischen Subsystemen[49]

Dimension	Differenzierung	Integration
Medien	Einzelmedien	Konvergenz und Kooperation
Raum	nationale Journalismen	Globalisierung
Themen	Spezialisierung in Sparten/ Ressorts	Integration von Sparten/ Ressorts

Die Auflösung von Grenzen und die damit verbundene Bereitstellung kostenloser Berichterstattung im Internet haben massive Auswirkungen auf den Printmarkt. Laut einer Statistik des Bundesverbands Deutscher Zeitungsverleger verzeichnete der Zeitungsmarkt im ersten Quartal 2011 einen Rückgang in verkauften Auflagen aller Zeitungen um 745.825 Exemplare beziehungsweise 3,02 Prozent (Vgl. Bundesverband Deutscher Zeitungsverleger, 2011[50]).

Die Herausforderungen für die Zeitungen und Verlage liegt künftig darin, die Techniken einer internetbasierten multimedialen Berichterstattung zu perfektionieren, da ein Ende der Entgrenzungsmechanismen nicht absehbar erscheint. Im Gegenteil lässt der gegenwärtige Trend eher vermuten, dass weitere Grenzen aufgebrochen und neue interdisziplinäre Mischformen entstehen. Um mit den Worten des französischen Philosophen Blaise Pascal zu sprechen: „Wo immer wir an eine Grenze zu geraten und festen Fuß zu fassen vermeinen, gerät sie in Bewegung und entgleitet uns" (Blaise, 2007: 164).

---

[49] Quelle: Neuberger, 2004: 3
[50] Im Internet abgerufen am 03.04.2012 unter
http://www.bdzv.de/fileadmin/bdzv_hauptseite/markttrends_daten/vertriebsmarkt/2011/images/Auflagenstatistik_I_2011.pdf

3.2.3 Multimediale Berichterstattung

Der Verlust des Informationsmonopols und die durch den technischen Fortschritt bedingten Entgrenzungen des Journalistischen führen zu einem Umdenken in den Redaktionen und Zeitungsverlagen. Der Journalismus befindet sich in einem Prozess tiefgreifender struktureller Veränderungen, da die für den klassischen Journalismus charakteristischen statischen Darstellungsformen gegenüber einem auf Dialog basierenden Prozessjournalismus an Bedeutung verlieren (Vgl. Simons, 2011: 156). Da der Journalismus gesellschaftlich zu Beginn der Moderne erzeugt worden ist, lassen sich die Aufgaben des Journalismus aus den Strukturmerkmalen moderner Gesellschaften herleiten (Vgl. Pöttker, 2001: 21). Das bedeutet, dass sich das Wesen des Journalismus an die Strukturen der Wissensgesellschaft anpassen muss, um seinem konstitutiven Auftrag – der Herstellung von Öffentlichkeit (Vgl. ebd.: 26) – gerecht zu werden. Als Kommunikationsmedium kann der Journalismus die einschneidenden Veränderungen, die beispielsweise die digitale Kontaktaufnahme über soziale Netzwerke mit einschließt, nicht ignorieren, sondern muss sich mit multimedialen Konzepten auseinandersetzen.

Der entscheidende Unterschied zwischen dem online aufbereiteten journalistischen Beitrag und dem Printartikel in der Zeitung besteht darin, dass Online-Beiträge niemals endgültig vollendet sind, „denn journalistische Inhalte entwickeln sich unter den neuen Vorzeichen vom unveränderlichen Produkt hin zur Momentaufnahme eines nie endenden Prozesses" (Simons, 2011: 154). Verstärkt wird diese Entwicklung durch soziale Netzwerke, allen voran Facebook. Nachrichtenbeiträge können dort gepostet, weiterverlinkt und öffentlich diskutiert werden. Der Charakter von Öffentlichkeit hat sich dahingehend verändert, dass Aktualität nahezu in Echtzeit gewährleistet und die Arbeit des Journalisten durch die Interaktivität mit den Internetnutzern wesentlich beeinflusst wird. Inzwischen sind die umsatzstärksten Tages- und Wochenzeitungen in Deutschland im Internet aktiv und bestücken ihre jeweiligen Webseiten täglich mit neuen Text-, Bild- und Videoeinheiten, um im Konkurrenzkampf um die Gunst des Nutzers nicht unterlegen zu sein. Besonders attraktiv erscheint in diesem Zusammenhang die Verquickung von Schrift, gesprochenem Text und Bewegtbildern, die in audiovisuellen Beiträgen miteinander verschmelzen (Vgl. Simons, 2011: 155). Die Internetnachrichtenportale befinden sich im stetigen Wachstum. Der Bund Deutscher Zeitungsverleger berief sich im vergangenen Jahr auf eine Studie des Hightech-Verbandes Bitkom, wonach die 20 größten deutschsprachigen Online-Portale – darunter unter anderem der Marktführer

Bild.de sowie *Spiegel Online, Welt Online* und *Sueddeutsche.de* – im Jahr 2010 zusammen mehr als acht Milliarden Besuche verbuchen konnten (Vgl. Bundesverband Deutscher Zeitungsverleger, 2011[51]). Trotz Rückgangs der verkauften Print-Tageszeitungen und des kontinuierlichen Wachstums der Online-Portale lag die Reichweite der Tageszeitungen 2010 immer noch bei 71,4 Prozent (Vgl. Magazin-Deutschland.de, 2010[52]). Dennoch müssen die Verlage ihre journalistischen Angebote angesichts der Ökonomisierung von Informationen und Wissen überdenken und Multimedia als wesentlichen Bestandteil des täglichen Geschäfts mit den Nachrichten akzeptieren. In diesem Zusammenhang muss sich der Journalist vor allem darauf einstellen, dass er nun um seine Vormachtstellung als Experte von Informationen kämpfen muss, „denn Journalisten befinden sich plötzlich und ungewollt in Konkurrenz zu den Internet-Usern, die nun als »Parajournalisten« auftreten" (Rolke / Wolff, 2002: 10).

Wie intensiv sich die Verlage mit Multimedia und dessen Konsequenzen für die Berichterstattung auseinandersetzen, zeigt das Beispiel von *Zeit Online*, dem Internetnachrichtenportal der Wochenzeitung *Zeit*. Die Einbettung von sozialen Medien wie Facebook, Google + und Twitter in die tägliche journalistische Arbeit erfordert völlig neue Arbeitsabläufe. In der *Zeit Online*-Redaktion gibt es eine Social-Media-Schicht, deren Mitarbeiter sich um die Betreuung der sozialen Netzwerke kümmern (Vgl. Online-Journalismus.de, 2012[53]). Dazu gehört ein Community-Redakteur, der Kontaktpflege zu den Nutzern der eigenen Webseite betreibt (Vgl. ebd.). Das eigene Presseprodukt bekommt somit einen crossmedialen Charakter, der es erlaubt, Hintergrundinformationen zu der jeweiligen Printausgabe zu liefern sowie Portale mit Foren zu installieren, sodass eine Brücke zu den ursprünglich angebotenen Produkten geschlagen wird (Vgl. Rolke / Wolff, 2002: 104). In diesem Zusammenhang wird ein intensiver Austausch zwischen Online-Abteilung und Print-Redaktion notwendig, da sich aufgrund von Nutzerkommentaren neue interessante Denkansätze und Aspekte ergeben können, die im Verlaufe des Tages von den Printredakteuren aufgegriffen und für die Printausgabe am folgenden Tag entsprechend aufbereitet werden können. Da der Aufmacher der meisten Tageszeitungen für den informierten Nutzer von Online-Nachrichtenportalen längst keine Neuigkeit mehr darstellt, werden sich die Redaktionen wohl künftig täglich fragen müssen:

---

[51] Im Internet abgerufen am 04.04.2012 unter http://www.bdzv.de/zeitungen-online/information-multimed/artikel/detail/nachrichtenportale_legen_an_reichweite_zu/
[52] Im Internet abgerufen am 04.04.2012 unter http://www.magazin-deutschland.de/de/artikel/artikelansicht/article/die-zeitungen-im-medienland-deutschland.html
[53] Im Internet abgerufen am 05.04.2012 unter http://www.onlinejournalismus.de/2012/03/04/zeit-online-mit-social-media-auf-erfolgskurs/

„Welche Zeitung machen wir aus den Aktivitäten auf der Plattform an diesem Tag?" (Simons, 2011: 159) Neben dem Umsatz, den die Verlage täglich mit verkauften Zeitungen erwirtschaften, werden in einer multimedialen Berichterstattung Klickzahlen immer wichtiger. Mit Hilfe von entsprechenden Programmen können die Online-Redakteure genau ermitteln, welche Artikel, Videos und Bilderstrecken am häufigsten geklickt werden. Somit lassen sich bereits vor dem Erscheinen eines Artikels in der Printausgabe einen Tag zuvor Prognosen erstellen, welche Themenbereiche den Leser am nächsten Tag interessieren könnten. Wenn ein Artikel nur geringe Klickzahlen aufweist, können sich die Online-Redakteure kurzerhand dazu entscheiden, den Beitrag von der Startseite des Online-Angebotes verschwinden zu lassen.

Damit die Verlage, die mit der Integrierung multimedialer Angebote faktisch zu Medienunternehmen werden, den gesteigerten Anforderungen nachkommen können, bedarf es einer Veränderung des Werbekonzepts. Um crossmediale Berichterstattung zu gewährleisten, müssen die Werbeberater der Medienunternehmen Werbung medienübergreifend vermarkten (Vgl. Simons, 2011: 199). Da sich der Internetnutzer über die aktuellen Nachrichten auf den Webseiten der großen Verlage zumeist kostenlos informieren kann, ist es nicht verwunderlich, „dass sich neben den Banner-Erlösen, also dem Pendant zum Anzeigengeschäft, und den Verkaufserlösen der redaktionellen Inhalte, dem Pendant zu Vertriebserlösen, kommerzielle Vermittlungserlöse als dritte Säule der Finanzierung etablieren" (Rolke / Wolff, 2002: 106). Somit wird es zu einer gängigen Praxis, dass manche Medienbetriebe vergütete Klicks oder Provisionen auf vermittelte Geschäfte anstreben (Vgl. ebd.). Die multimediale Berichterstattung im Internet bietet den Verlagen und Medienunternehmen neue Möglichkeiten, das eigene Produkt zu erweitern und gewinnbringend auf dem Markt zu positionieren. Die Kombinierung der verschiedenen Medien erfordert aber auch eine Weiterentwicklung des Journalismus zu einem – wie Anton Simons es nennt – Journalismus 2.0 (Vgl. Simons, 2011), der Veränderungen in redaktionellen Abläufen und umfassende Internetkenntnisse der Redakteure, vor allem hinsichtlich der Bedeutung von Social Media, umfasst. Die Disziplin Journalismus erfährt durch den Einzug der Multimedialität in die tägliche Berichterstattung eine Erweiterung seines Angebot- und Aufgabenbereiches, sodass neue Kompetenzen benötigt werden. Um mit den Worten des Journalisten-Bloggers und Preisträger des Grimme Online-Awards 2009, Jens Weinreich, zu sprechen: „Journalismus heißt für mich: Dialog. Diskutieren. Lernen. Vernetzen. Fehler eingestehen und korrigieren. Quellen offenlegen, solange nicht Quellenschutz gewährleistet werden muss, weil

Hinweisgeber sonst Probleme bekommen. Journalismus heißt für mich: Wissen weitergeben. Verlinken. Dokumente zur Diskussion stellen. Einordnen. Erklären. Analysieren. Kommentieren. Berichten. Recherchieren. Dranbleiben. Beißen. Oder es wenigstens versuchen" (Weinreich, 2010[54]).

3.2.4 Bildung im Journalismus

Im Gegensatz zur Pädagogik, deren eindeutigen Bezug zur Bildung Immanuel Kant bereits zu Beginn des 19. Jahrhunderts herstellte, indem er die moralische oder praktische Seite der Pädagogik oder Erziehungslehre als diejenige beschrieb, durch die der Mensch gebildet werden solle, „damit er wie ein frei handelndes Wesen leben könne" (Kant, 1803: 3), steht der Bildungsgedanke im Journalismus nicht an vorderster Stelle. Der vorrangige Auftrag des Journalismus besteht in der Herstellung von Öffentlichkeit und der damit verbundenen Orientierungsleistung. Bildung findet im Journalismus vor allem als Bildung öffentlicher Meinung statt, in deren Einflussnahme die Macht der Presse besteht (Vgl. Park in Pöttker, 2001: 300). Journalistische Produkte wie Zeitungen, Zeitschriften und Magazine sind zunächst einmal Informationsmittel, aus denen sich Wissen extrahieren lässt. Folgt man der Argumentation des ehemaligen Chefs des Autokonzerns Volkswagen, Daniel Goeudevert, lässt sich der Bildungsbegriff nicht auf das Allgemeinwissen beschränken, denn Bildung sei, „ein Verhaltensmuster, nicht die Anhäufung von Wissen. Gebildet ist für mich ein Mensch, der sich in der Gesellschaft seiner Verantwortung bewusst ist" (Goeudevert in Neuß-Grevenbroicher Zeitung, 2006[55]). Ähnlich argumentiert die Kulturwissenschaftlerin Aleida Assmann, wenn sie schreibt, dass Bildung daran erinnere, „dass es nicht nur darauf ankommt, was man *kann*, was man *weiß*, sondern auch darauf, wer man *ist*" (Assmann, 1993: 9 in Rittelmeyer, 2012: 15-16). Ob der Journalismus als Träger von Bildungsprozessen bezeichnet werden kann, könnte also davon abhängen, ob man Bildung im Sinne von Goeudevert und Assmann als kulturelles Gedächtnis oder im Sinne des humanistischen Bildungsideals als Allgemeinbildung begreift.

Für die öffentlich-rechtlichen Sender ergibt sich ein Bildungsauftrag bereits aus dem Erhalt der gesetzlich fest gelegten Rundfunkgebühren. Der Volksbildungs- und Aufklä-

---

[54] Im Internet abgerufen am 17.04.2012 unter http://www.jensweinreich.de/2010/02/22/online-gebuhren-uber-den-wert-von-qualitatsjournalismus/
[55] Im Internet abgerufen am 23.04.2012 unter http://www.ngz-online.de/rhein-kreis/der-gelehrteste-ist-nicht-unbedingt-der-gebildetste-1.166464

rungsauftrag, der eine staatsbürgerliche und kulturelle Verantwortung der Sender beinhaltet (Vgl. Zeit Online, 2010[56]), sieht vor, dass die Sender Sendungen und Formate ausstrahlen, die Bildung vermitteln. Der öffentlich-rechtliche Sender ARD nennt auf seiner Webseite vor allem die Dritten Programme als Möglichkeit, „Bildungs- und Minderheitenprogramme auszulagern" (Das Erste.de, o.J.[57]). Das Bayerische Fernsehen strahlt mit *Telekolleg* eine solche Bildungssendung aus, die als „Weiterbildungsangebot für Menschen mit großen Plänen" (Bayerischer Rundfunk, o.J.[58]) beschrieben wird. Das *Telekolleg* ist eine bayerische Bildungseinrichtung, deren Bildungsangebote neben der Fernsehsendung individuelle Betreuung an den Kollegtagschulen umfasst. Die Fernsehsendung soll Wissen und Bildung vermitteln und dient als Unterstützung für einen Lernprozess, der individuell organisiert ist, und auf der Basis von Studienunterlagen selbständig zu Hause abläuft (Vgl. Bayerischer Rundfunk, o.J.[59]). Ausgestrahlt wird die Bildungssendung vom Bayerischen Fernsehen und BR-alpha, dem Bildungskanal des Bayerischen Rundfunks. Im *Telekolleg* wird das Fernsehen als Bildungsinstitution genutzt, deren Moderatoren Lehrkräfte darstellen, die in Form von monologartigen Vorträgen den Zuschauer als Bildungskonsumenten ansprechen. Beim *Telekolleg* besteht die wesentliche Aufgabe der TV-Journalisten folglich darin, Bildung mit Hilfe des Bildschirms zu vermitteln, und eine Sendung zu konzipieren, die auf das Erreichen bestimmter Bildungsabschlüsse abzielt. Allerdings gilt es im Kontext der Sendung zu beachten, dass Journalisten dort nicht persönlich als Vermittler von Bildung und Wissen in Erscheinung treten, sondern sie konzipieren lediglich den Rahmen für Bildungsprozesse, deren Anleitung ein ausgebildeter Lehrer übernimmt. Journalisten sind demzufolge zwar daran beteiligt, dass das Fernsehen als weiteres Medium im Unterricht genutzt werden kann, vollbringen aber letztlich keine aktive, direkte Bildungsleistung. Begreift man Bildung oder Bildsamkeit nicht als Formung des Menschen durch äußere Eindrücke, sondern als Bildungstrieb, den es zu stimulieren gilt (Vgl. Rittelmeyer, 2012: 60), können journalistische Produkte durchaus als Auslöser für Bildungsprozesse fungieren. Als Beispiel lässt sich ein Artikel der Wochenzeitung *Zeit* anführen, der von Unternehmensgründern mit Migrationshintergrund handelt. Der Artikel liefert unter anderem die Information, dass Ibrahim Evsan, ein bekannter Unternehmensgründer mit

---

[56] Im Internet abgerufen am 22.04.2012 unter http://www.zeit.de/2010/31/Oeffentliche-Anstalten
[57] Im Internet abgerufen am 22.04.2012 unter http://www.daserste.de/50jahre/feature.asp
[58] Im Internet abgerufen am 22.04.2012 unter http://www.br.de/telekolleg/index.html
[59] Im Internet abgerufen am 28.04.2012 unter http://www.br.de/telekolleg/infos-anmeldung/intro/was-ist-das-telekolleg100.html

türkischem Pass, in dessen Elternhaus nur türkisch gesprochen wurde, im Alter von dreizehn Jahren feststellte: „Ich muss Deutsch lernen, dann kann mir keiner mehr was" (Zeit Online, 2012[60]). Diese Information, im Zusammenhang mit dem im Anschluss geschilderten beruflichen Erfolg von Evsan, könnte für junge Migranten den Anstoß geben, ihrerseits Bildungsprozesse in Gang zu setzen, um eventuell eine ähnlich erfolgreiche Karriere anzustreben. Der Journalismus liefert in diesem Fallbeispiel eine Orientierungsleistung, die in der gesellschaftlich etablierten Meinung besteht, dass sich Bildung positiv auf den beruflichen Werdegang auswirken kann. Auf diese Weise leistet der Journalismus einen entscheidenden Beitrag zur Willens- und Meinungsbildung der Leser, denn die Tagespresse „beeinflußt offenbar das Verständnis, das Gefühl *und* den Willen, erzeugt und beseitigt Einsichten, Werturteile *und* Neigungen...sie provoziert unbekanntes Wissen, ruft ein Echo der im Gesellschaftskörper verborgenen Gefühle und Neigungen hervor" (Nach Schäffle, 1896 in Pöttker, 2001: 116). Ob die Arbeitsleistung eines Journalisten bereits ein Akt der Bildung darstellt, hängt davon ab, welcher Definition von Bildung gefolgt wird. Im Gegensatz zur Pädagogik ist es erheblich schwieriger dem Journalismus einen generellen Bildungsauftrag zuzuschreiben, wie das Fehlen eines entsprechenden Eintrags im Pressekodex belegt. Als Quelle von Informationen generieren journalistische Medien allerdings Wissen und stehen somit in einem unmittelbaren Zusammenhang mit der Bildung, da jene auf einer breiten Wissens- und Stimmungsorientierung basiert (Vgl. Rittelmeyer, 2012: 97). Der Bildungsjournalismus ist zudem Ausdruck dessen, dass sich Journalisten mit dem Themenkomplex Bildung beschäftigen und darüber berichten. Eine detailliertere Auseinandersetzung mit dem Bildungsjournalismus erfolgt zu einem späteren Zeitpunkt in diesem Buch.

Ob die Medien künftig als Bildungsinstanz, wie auf dem Fachkongress des Deutschen Journalistenverbandes 2006 diskutiert[61], oder als interkulturelle Bildungsinstanz, wie von Eva-Maria Oehrens vorgeschlagen[62], neben Schule und Elternhaus fungieren werden, bleibt offen. Bildung hat für den täglichen Journalismus eine einfache und sehr praktische Bedeutung, die der ehemalige Chef des Autokonzerns Volkswagen, Daniel Goeudevert, auf den Punkt bringt: „Bei Journalisten beispielsweise spielt Bildung eine

---

[60] Im Internet abgerufen am 28.04.2012 unter http://www.zeit.de/karriere/beruf/2011-12/existenzgruender-migranten/seite-3
[61] Siehe der Deutsche Fachjournalisten Verband im Internet, 2006; abgerufen am 23.04.2012 unter http://www.fachjournalistenkongress.de/fileadmin/documents/protocols06/Protokoll_Bildungsjournalismus_01.pdf
[62] Siehe Eva-Maria Oehrens, 2002; Publikation einsehbar im Internet unter http://www.akademieremscheid.de/publikationen/buecherDigital/buecherdigital_jb2002.php

entscheidende Rolle: Nicht wenn sie die beste Schule besucht haben, nicht wenn sie der beste Schreiber sind oder scharf formulieren können – sondern wenn sie als Journalist die Wirkung eines Berichts bedenken: Dann sind sie gebildet. Wenn es ihnen nicht darum geht, die Auflage zu steigern, eine Sensation aufzuspüren" (Goeudevert in Neuß-Grevenbroicher Zeitung, 2006 im Internet[63]).

Der Abschluss des dritten Kapitels bildet an dieser Stelle die Mind-Map, welche nun mit den beiden Zweigen Pädagogik und Journalismus ergänzt wird:

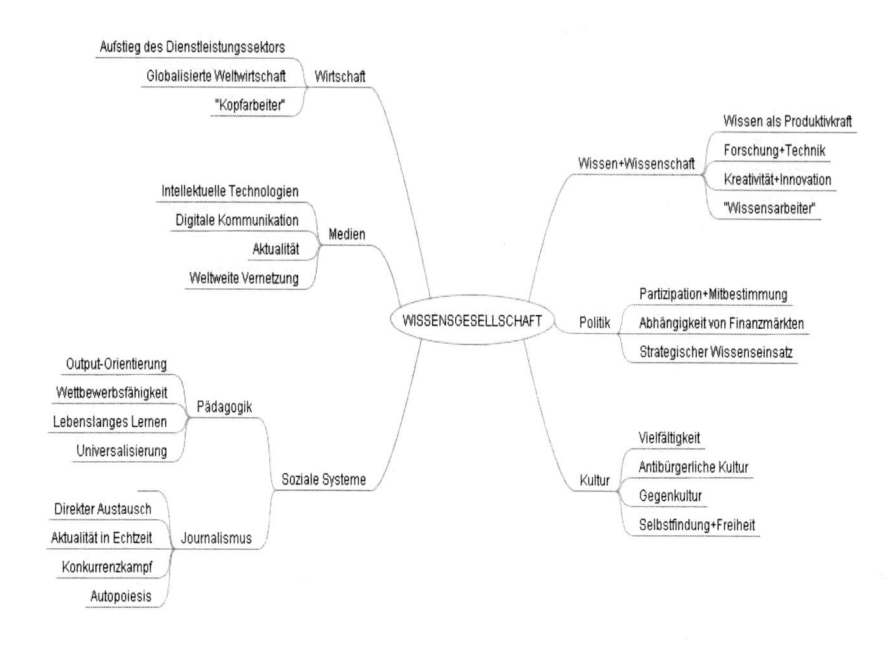

Abb.2: Soziale Systeme in der Wissensgesellschaft (Mind-Map)

---

[63] Abgerufen am 25.04.2012 unter http://www.ngz-online.de/rhein-kreis/der-gelehrteste-ist-nicht-unbedingt-der-gebildetste-1.166464

4 Grundlegende Berührungspunkte

Während sich der erste Teil des Hauptteils darauf konzentrierte, die Dimensionen der Wissensgesellschaft zu erfassen und in der Auseinandersetzung mit der Pädagogik und dem Journalismus gewisse Parallelen zwischen den beiden Systemen offen zu legen, die deren Entwicklung in der Wissensgesellschaft betreffen, wird nun folgenden Transferteil dieses Buches der Versuch unternommen, Berührungspunkte zwischen Pädagogik und Journalismus im Hinblick auf Grundlegendes, Arbeitstechniken und Themenfelder zu identifizieren und jene als Ausgangspunkt dafür zu nutzen, enge Verknüpfungen zwischen den beiden Systemen im Hinblick auf Bildung und Orientierung aufzuzeigen. Diese Ausführungen münden dann schließlich in dem Drei-Phasen-Modell der Bildung, das letztlich als Zusammenfassung und Interpretation der zuvor erarbeiteten Daten zu verstehen ist.

4.1 Gesellschaftlicher Auftrag

Im Mittelpunkt journalistischen Handelns steht der Anspruch, „durch den Dschungel der irdischen Verhältnisse eine Schneise der Information zu schlagen" (Schneider / Raue, 2008: 14), und auf diese Weise Öffentlichkeit und Orientierung herzustellen. Mit Zuhilfenahme des Programmauftrages der öffentlich-rechtlichen Rundfunkanstalten, der besagt, dass die Sendung der öffentlich-rechtlichen Sender der „Information, Bildung und Unterhaltung aller Bürger und somit der »Grundversorgung« dienen" (Mast, 2008: 29), lässt sich eine Brücke zum gesellschaftlichen Auftrag der Pädagogik schlagen. Der Begriff der Bildung gehört nämlich neben der Erziehung und der Sozialisation zu den Grundbegriffen der Pädagogik (Vgl. Dörpinghaus / Uphoff, 2011: 9) und kann daher als Schnittpunkt zwischen jener Disziplin und dem Journalismus angesehen werden. Dieser Begründung für Parallelen zwischen dem jeweiligen gesellschaftlichen Auftrag der beiden Disziplinen lässt sich hinzufügen, dass der Siegeszug der „neuen Medien" und die damit einhergehende Digitalisierung gesellschaftlicher Teilbereiche mittlerweile ausgiebig in der Öffentlichkeit diskutiert werden, sodass die pädagogischen Bemühungen in punkto Mündigkeit und reflektierter Selbstbestimmung zunehmend auf Fragen der Mediennutzung und des kompetenten, kritischen Mediengebrauchs projiziert werden (Vgl. Dr. Bernhofer, 2012: Interview. Siehe Anhang, S. 125). Der Journalismus ist dabei angehalten, Öffentlichkeit über das Thema Digitalisierung herzustellen, diese Funktion an die Dynamiken des Medienwandels anzupassen und in neue Situationen der Mediennutzung zu übersetzen (Vgl. Dr. Bernhofer, 2012: Interview. Siehe Anhang, S. 125). Der technische Fortschritt ist daher als roter Faden zu verstehen, der den jeweiligen gesellschaftlichen Auftrag der Pädagogik und des Journalismus gleichermaßen beeinflusst.

Als weiteren Berührungspunkt lässt sich die strikte Trennung zwischen Bildung und Indoktrination anführen, die in dem aus der politischen Bildung stammenden Begriff Überwältigungsverbot geregelt ist (Vgl. Landeszentrale für politische Bildung Baden-Württemberg, o.J.[64]). Das Überwältigungsverbot besagt, dass es nicht erlaubt ist, „den Schüler – mit welchen Mitteln auch immer – im Sinne erwünschter Meinungen zu überrumpeln und damit an der »Gewinnung eines selbständigen Urteils« zu hindern" (ebd.). Dieses Verbot könnte auch für den Journalismus gelten, da dessen Anspruch darin besteht, Nachricht und Meinung zu trennen (Vgl. Mast, 2008: 306). Zwar haben Journalisten in Textformen wie Kommentaren, Meinungen, Kolumnen oder Leitartikeln die Möglichkeit zu bewerten und zu interpretieren, sprich eine eigene Meinung zu äußern (Vgl. ebd.), allerdings ist es die vorrangige Aufgabe des Journalismus, Informationen zu veröffentlichen, auf dessen Grundlage sich zunächst einmal die Leser eine eigene Meinung bilden können, sodass sich das Überwältigungsverbot letztlich auch auf die berichterstattenden Darstellungsformen des Journalismus übertragen lässt. Dieser Argumentation entsprechend sieht Marco Fileccia, Politik-Lehrer und Autor, die Bereitstellung von Informationen, auf deren Basis eine eigene Meinungsbildung der Adressaten möglich wird, gleichermaßen als pädagogischen wie journalistischen Anspruch an (Vgl. Fileccia, 2012: Interview. Siehe Anhang, S. 117).

Zusammenfassend lässt sich festhalten, dass die jeweilige gesellschaftliche Funktion von Pädagogen und Journalisten an den Stellen Berührungspunkte aufweist, an denen es um (Meinungs-) Bildung, Orientierung und Öffentlichkeit geht. Eine wesentliche Rolle in diesen Prozessen spielt die Kommunikation, die im folgenden Abschnitt als Berührungspunkt zwischen Pädagogik und Journalismus erläutert wird.

---

[64] Abgerufen am 04.05.2012 unter http://www.lpb-bw.de/beutelsbacher-konsens.html

4.2 Kommunikation

Sowohl pädagogische als auch journalistische Arbeitsprozesse sind dadurch gekennzeichnet, dass sie auf Kommunikation basieren. Um gemäß ihres jeweiligen gesellschaftlichen Auftrags handlungsfähig sein zu können, sind Pädagogen und Journalisten darauf angewiesen zu kommunizieren – sprich, sich zu verständigen und mit anderen Menschen zu sprechen[65]. Für die Pädagogik lässt sich als Beispiel für die besondere Bedeutung von Kommunikation der Bereich Hilfe anführen, denn dort wird die pädagogische Handlung als eine Interaktion[66] zwischen zwei Personen begriffen, von denen eine als hilfsbedürftig gilt (Vgl. Gängler in Krüger / Helsper, 2007: 144).

Im Journalismus wird die Kommunikation als wesentliches Instrument dazu eingesetzt, um Informationen zu beschaffen, denn der Anlass von Kommunikation ist immer verbunden mit einem „Zustand des Nicht-Wissens, des Nicht-Sehens, des Nicht-so-wahrnehmen-Könnens, des Nicht-Einsehen-Könnens" (Göppner, 1984: 15). Dieser Zustand wird aufgebrochen, indem Kommunikationspartner etwas preisgeben, also informieren. Die Verarbeitung dieser gewonnenen Informationen und deren anschließende Veröffentlichung und Einordnung in diverse Kontexte stellen die primären Aufgaben von Journalisten dar. Vor allem im Außendienst muss der Journalist bereit sein, mit fremden Menschen zu reden und Politikern peinliche Fragen zu stellen, um ihnen Informationen zu entlocken (Vgl. Schneider / Raue, 2008: 17).

Pädagogen und Journalisten üben also gleichermaßen einen kommunikativen Beruf aus, denn sie sind beide angewiesen auf den wechselseitigen Austausch von Mitteilungen zwischen zwei oder mehreren Personen (Vgl. Göppner, 1984: 17). Kommunikation spielt zwar prinzipiell auch in anderen Arbeitsbereichen eine bedeutende Rolle, denn alles Verhalten ist Kommunikation, woraus sich folgern lässt, „daß man…nicht *nicht* kommunizieren kann" (Watzlawick u.a., 1980: 51). Die Erfüllung pädagogischer und journalistischer Aufträge ist jedoch in einem hohen Maße von den konkreten Ergebnissen und Informationen abhängig, die aus Kommunikationsprozessen gewonnen werden können. Als Beispiel lässt sich die pädagogische Lebenswelt eines Erziehers anführen, der sich mit seinen Schützlingen einen Lebensraum teilt, in dem Verhaltensweisen erprobt werden können, sodass sich Notwendigkeiten der Koordination und Kooperati-

---

[65] Siehe Definition von „kommunizieren" im DUDEN, Das Fremdwörterbuch, 1997: 429.
[66] Die Definition von „interagieren" lautet gemäß DUDEN, Das Fremdwörterbuch, 1997: 369: „Sich, agierend u. aufeinander reagierend, wechselseitig in seinem Verhalten beeinflussen". Die Interaktion wird an dieser Stelle als Begriff verstanden, der dem Kommunikationsbegriff untergeordnet ist.

on ergeben (Vgl. Göppner, 1984: 150). Dabei handelt es sich um Formen von Verhalten, die immer auch einen Mitteilungscharakter haben, und somit nach Watzlawick u.a. als Kommunikation bezeichnet werden können (Vgl. Watzlawick u.a., 1980: 50-51). Vor allem im Bereich der pädagogischen Beratung als „Weitergabe von Information zur Bewältigung extern verursachter Schwierigkeiten" (Göppner, 1984: 154) wird die immense Bedeutung von menschlicher Kommunikation für das Gelingen pädagogischer Prozesse deutlich. Im Journalismus spielen die Ergebnisse und Informationen aus Kommunikationsprozessen ebenfalls eine zentrale Rolle. Sobald der Journalist beschließt, selbst zu einem Thema zu recherchieren, um Material für einen Artikel zu sammeln, setzt das Gelingen seine eigene Bereitschaft und die der befragten Personen voraus, sich mit anderen Menschen unterhalten zu wollen. Diese grundlegende Bereitschaft ist vor allem beim journalistischen Interview zwingend notwendig.

Pädagogen und Journalisten wenden die Erkenntnisse, die sie aus Kommunikationsprozessen erlangen, unmittelbar auf ihre jeweilige Arbeit an. Dabei ist es von zentraler Bedeutung, dass nicht nur sie selbst, sondern vor allem die Gesprächspartner Kommunikationsbereitschaft signalisieren. Um mit den Worten des indischen Philosophen Jiddu Krishnamurti zu sprechen: „Um sich miteinander zu verständigen, muss man nicht nur auf den Sprecher hören, sondern auf den Akt des Zuhörens selbst" (Krishnamurti, 2006: 395).

4.3 Didaktik

Die griechische Herkunft des Wortes Didaktik (didaktikós=belehrend, zur Belehrung geeignet[67]) verdeutlicht, dass Didaktik ein sehr weitläufiger Begriff ist, der im engeren Sinne die Lehre vom Lehren und Lernen – genauer formuliert – eine Theorie der Bildungsinhalte und die Methode des Unterrichtens bezeichnet (Vgl. Duden Fremdwörterbuch, 1997: 189). Didaktische Formen sind überall dort anzutreffen, wo es um die Kunst des Lehrens und Lernens geht und darum, die geeignetsten Mittel zur Vermittlung von Sachverhalten zu finden und zielführend einzusetzen. In diesem Abschnitt soll Didaktik nach Otto Willmann als Bildungslehre im Sinne einer Theorie aller Probleme, die sich im Hinblick auf Bildung ergeben, verstanden werden (Vgl. Röhrs, 1971: 4).

---

[67] Vgl. Duden Online im Internet; abgerufen am 02.05.2012 unter
http://www.duden.de/suchen/dudenonline/did%C3%A1skein

In der Pädagogik spielt die Didaktik naturgemäß eine bedeutende Rolle. In der Schule kommt sie bei der Erstellung von Lehrplänen – sprich Bildungsinhalten – zum Tragen, denn an dieser Stelle trifft man „eine Auswahl des von der jungen Generation zu Lernenden aus dem Gesamtkomplex des in einer Kultur und Gesellschaft Überlieferten, Gewußten, Gekonnten, Geforderten und Möglichen" (Röhrs, 1971: 5). Neben der Auswahl von Bildungsinhalten umfasst Didaktik auch die Wahl der geeigneten Lehr-und Lernmethoden, medialen Hilfsmittel und generellen Mittel, die zu einer erfolgreichen Bewältigung der gesetzten Lernziele führen sollen. Die didaktischen Formen, die zur Vermittlung von Bildung verwendet werden, kommen letztlich in der Lernkultur zum Ausdruck. Die Weiterentwicklung dieser Lernkultur, die in der Wissensgesellschaft durch das Konzept vom lebenslangen Lernen geprägt ist, hängt von gesellschaftlichen Veränderungen ab, da Bildung und Weiterbildung einen konstitutiven Bestandteil unserer Gesellschaft darstellen (Vgl. Dresselhaus, 2006: 6). Die neue Lernkultur und ihre didaktischen Formen sind daher als Reaktion auf den gesellschaftlichen Wandel in der Wissensgesellschaft zu verstehen (Vgl. ebd.). Mit Hilfe der modernen Didaktik als „methodische Reflexion auf Unterricht, seine Voraussetzungen und seine Folgen" (Schulz in Röhrs, 1971: 20) müssen neue Methoden[68] und Modelle konzipiert werden, die angesichts von Digitalisierung und Individualisierung von Bildung sowie geringer Halbwertszeit und Schnelllebigkeit von Wissen erfolgreiche Lehr-/ Lernprozesse möglich machen. Dies wird mit der Einbindung virtueller Lernprogramme und Arbeitsformen in den Unterricht angestrebt, sodass eine zeit- und ortsunabhängige Form des Lernens entsteht. Indem Lehrende sich dieser neuen Techniken bedienen, beschreiten sie neue didaktische Wege, die vor allem dadurch gekennzeichnet sind, dass die eindeutige Rollenverteilung zwischen Lehrendem und Lernendem aufgehoben wird, und der Lerner seine passive Zuschauerrolle verlässt. Wie die bisherigen Ausführungen zu der neuen Lernkultur (Vgl. Kapitel 3.1.3) bereits gezeigt haben, soll der Lernende in der Lage sein, seinen Lernprozess aktiv und selbstbestimmt zu gestalten. Mehr Selbstverantwortung und Eigeninitiative auf Seiten des Lernenden sorgen für tiefgreifende Veränderungen in der didaktischen Struktur, da die Didaktik die Rolle der am Unterrichtsprozess teilnehmenden Personen definiert, indem sie den Unterricht als Handlungsfeld strukturiert (Vgl. Schulz in Röhrs, 1971: 23). Anstelle von Anleiten und Vermitteln

---

[68] Die Methodik wird an dieser Stelle nach Wolfgang Klafki als Teildisziplin der Didaktik angesehen (Vgl. Klafki, 1978 in Klafki, 1996: 251).

steht mit der Einführung neuer Lernkulturformen daher das Unterstützen und Beraten im Mittelpunkt der künftigen Tätigkeit von Lehrpersonen. Schocker von Ditfurth greift diesen Punkt auf, indem sie für die Eingliederung einer „support-structure" plädiert, innerhalb welcher eine Entwicklung „von arbeitsgleichen, stark gesteuerten Foren mit ausführlichem Feedback des Dozenten zu arbeitsteiligen, selbstgesteuerten Foren mit punktuellem Feedback auf Anfrage" (Schocker von Ditfurth in Vogel, 2005: 94) stattfindet.

Didaktisch bedeutet die Abkehr der lehrenden Personen vom bloßen Vermittler eines Lerngegenstandes aber vielmehr als lediglich die Motivation und Anregung der Schüler zu mehr Selbständigkeit. Die Didaktik als unter anderem „Theorie der Bildungsinhalte, Theorie der Steuerung von Lernprozessen und Anwendung psychologischer Lehr- und Lerntheorien" (Kron in Hornbostel, 2007: 18) ist ein wesentlicher Baustein, mit dessen Hilfe eine Lernumgebung geschaffen werden muss, in welcher Prozessorientierung, Produktivität, Kreativität sowie Innovation als Kernelemente einer neuen Lernkultur realisierbar sind. Dieser Vorgang kann durch den Einsatz der neuen Medien erheblich erleichtert werden. Die Verwendung medienbasierender Präsentationstechniken, wie beispielsweise die Power Point- Präsentation, gehören bereits in vielen Lerninstitutionen zum Alltag. Die Lehr- und Lernprozesse bekommen somit durch die Benutzung von Bildern, Videos und Audiobeiträgen eine neue Gestalt und tragen dazu bei, dass der Unterricht interaktiv und abwechslungsreich gestaltet werden kann. Virtuelle Foren und Lernplattformen ermöglichen eine zeit- und ortsunabhängige Auseinandersetzung mit dem Lernstoff sowie eine verbesserte, vor allem intensivierte Form der Nachbereitung. Ähnlich wie in der Pädagogik hat sich auch im Journalismus die Didaktik mit der Einführung neuer Medien grundlegend verändert. Festmachen lässt sich dies vor allem daran, dass sich mit der Entwicklung von Online-Nachrichtenportalen das traditionelle Rollenverständnis vom Journalisten als „Gatekeeper"[69] und dem Leser als Rezipienten prinzipiell aufbrechen lässt. In diesem Zusammenhang ist es Interpretationssache, ob man die neuen Möglichkeiten, die das Internet dem Leser bietet, dahingehend deutet, dass der Leser gemäß der Argumentation von Thorsten Quandt lediglich eine aktivere Selektionsrolle einnimmt (Vgl. Quandt in Löffelholz, 2004: 460) oder ob der Leser und

---

[69] Dieser Begriff beschreibt den Prozess, dass die Kontrolleure (Journalisten, Redakteure, Inhaber) von Druck- und Funkmedien die Schleusen (Gates) bewachen, „durch die Inhalte an die Leser- oder Zuschauerschaft gelangen" (Bruns, 2008: 1)

Nutzer vom Empfänger zum Sender und vom Konsumenten zum Prosumenten[70] wird, indem er Inhalte eigenständig sammelt, verknüpft, sortiert, strukturiert, produziert und verbreitet (Vgl. Simons, 2011: 157). Eindeutig ist, dass netzbasierter Journalismus neue Kompetenzen erfordert, deren Aneignung Bestandteil einer modernen Didaktik der Journalistik sein muss. Diesbezüglich sollte es die Didaktik ermöglichen, journalistische Routinen und Handlungsmuster auf ihren funktionalen Sinn zu überprüfen und die legitimierten Handlungsnormen zu reflektieren (Vgl. Haller in Dernbach / Loosen, 2012: 52).

Die beiden Disziplinen Pädagogik und Journalismus haben also Parallelen bezüglich der Anpassung ihrer jeweiligen Didaktik an die Veränderungen, die mit dem vermehrten Einsatz „neuer Medien" einhergehen. Der unterrichtsbezogene Vorgang der didaktischen Reduktion, die in der Auswahl der für das Lehren und Lernen benötigten Sachverhalte besteht, und der Vorgang der didaktischen Rekonstruktion, der die lehr- und lerngerechte Ordnung der ausgewählten Sachverhalte bezeichnet (Vgl. Weinberg in Tietgens, 1992: 130), lassen sich zudem auf die Arbeitstechniken des Journalismus übertragen, da es in diesem Bereich ebenfalls darauf ankommt, komplizierte Dinge zu vereinfachen und für die jeweilige Zielgruppe interessant und leicht verständlich aufzubereiten, ohne dabei die Tatsachen zu verfälschen (Vgl. Fileccia, 2012: Interview. Siehe Anhang, S.119). Um in den Worten von Marco Fileccia zu sprechen: „Ich denke, dass es in beiden Disziplinen wichtig ist, etwas interessant, spannend und witzig mit einem Spannungsbogen vom Anfang bis zum Ende zu verpacken" (ebd.).

Den Abschluss des vierten Kapitels bildet die folgende Mind-Map, welche die grundlegenden Berührungspunkte zwischen Pädagogik und Journalismus deutlich veranschaulicht:

---

[70] Der Begriff vom Prosumenten oder Prosumer ist eine Wortbildung, die aus den Begriffen Produzent und Konsument hervorgeht und beschreibt in diesem Zusammenhang Internetnutzer, die gleichzeitig produzieren und konsumieren. Der Begriff wird unter anderem von Anton Simons verwendet (Vgl. Simons, 2011: 184).

Abb. 3: Grundlegende Berührungspunkte (Mind-Map)

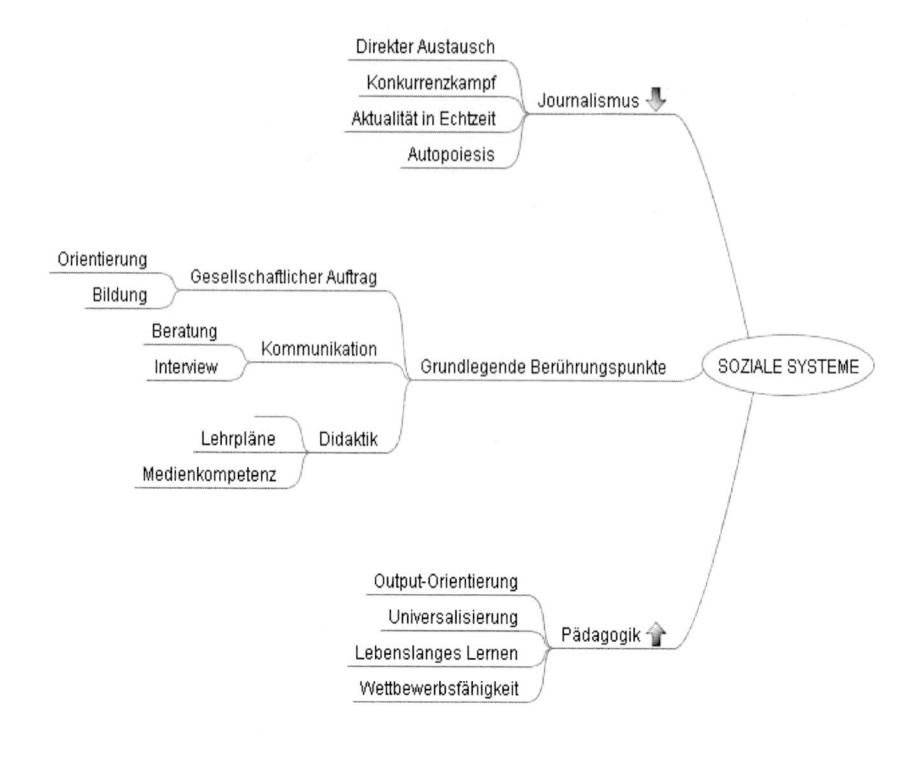

- SOZIALE SYSTEME
  - Grundlegende Berührungspunkte
    - Journalismus ⬇
      - Direkter Austausch
      - Konkurrenzkampf
      - Aktualität in Echtzeit
      - Autopoiesis
    - Kommunikation
      - Gesellschaftlicher Auftrag
        - Orientierung
        - Bildung
      - Beratung
      - Interview
      - Didaktik
        - Lehrpläne
        - Medienkompetenz
    - Pädagogik ⬆
      - Output-Orientierung
      - Universalisierung
      - Lebenslanges Lernen
      - Wettbewerbsfähigkeit

5 Arbeitstechnische Berührungspunkte

Im folgenden Kapitel werden mit Vermittlung, (Online-) Recherche und Moderation drei Arbeitstechniken vorgestellt, die sowohl für Journalisten als auch für Pädagogen von Bedeutung sind. Das Ziel der Ausführungen ist es, konkrete Verbindungen zwischen Pädagogik und Journalismus im Hinblick auf interdisziplinäre Arbeitstechniken darzustellen.

5.1 Vermittlung

Es ist ein zentrales pädagogisches Anliegen, den Adressaten die Fähigkeiten zu vermitteln, die sie gesellschaftlich handlungsfähig und im nächsten Schritt selbstbestimmt und für sich selbst verantwortlich werden lassen (Vgl. Tenorth, 2008: 18[71]). Desweiteren ist pädagogisches Handeln vor allem darauf ausgelegt, den Adressaten von pädagogischen Prozessen eine solide und ausbaufähige Allgemeinbildung (Vgl. Geißler in Dollinger, 2006: 138-139) – allgemeiner formuliert – Fertigkeiten, Informationen, Wissen und Einstellungen zu vermitteln (Vgl. Timmermann, Strikker in Krüger / Helsper, 2007: 153). Vor allem im Hinblick auf die Thematik dieses Buches ist zudem die Vermittlung von Medienkompetenz als Aufgabe der Medienpädagogik zu erwähnen, die zu einem kompetenten Umgang mit Medien befähigen soll (Vgl. Kerres / de Witt / Schweer in Neuß, 2003: 88). Es gibt folglich ausreichend Belege, die den Schluss zuzulassen, dass die Vermittlung als Handlungsmaxime pädagogischer Anstrengungen interpretiert werden kann.

Als Beispiel aus der pädagogischen Praxis lässt sich der Lehrer in der Schule anführen, dessen Aufgabe prinzipiell in der Vermittlung von Lerninhalten und den Kenntnissen und Fähigkeiten besteht, die zur Erlangung von Mündigkeit und Selbstbestimmung

---

[71] In der angegebenen Quelle wird das Genannte zwar im Kontext dessen, was *Erziehung* leisten solle, aufgeführt, allerdings verwende ich den Begriff Pädagogik (paedagogus=Betreuer, Erzieher der Knaben [Vgl. Duden online im Internet; abgerufen am 05.05.2012 unter http://www.duden.de/suchen/dudenonline/paedagogus]) synonym zum Begriff der Erziehungswissenschaft, die sich mit der Theorie und Praxis von Erziehung und Bildung auseinandersetzt. Die Pädagogik ist somit im Sinne von Immanuel Kant als Erziehungslehre zu verstehen [Vgl. Kant, 1802: 13; im Internet abgerufen am 05.05.2012 unter http://www2.ibw.uni-heidelberg.de/~gerstner/V-Kant_Ueber_Paedagogik.pdf]

notwendig sind[72]. Dieser Aspekt, dessen Ursprung in der Pädagogik der Aufklärung liegt, wird in der modernen Wissensgesellschaft in Form von der eigenverantwortlichen und selbstorganisierten Gestaltung von Lernprozessen, die zu den Grundlagen der neuen Lernkultur gehört, wieder aufgegriffen (Vgl. Kapitel 3.1.2). Der in diesem Zusammenhang häufig proklamierte Wandel von der Lehrperson als Vermittler zum Berater und Unterstützer impliziert eine Veränderung in den Vermittlungsinhalten und -techniken. Diese Entwicklung liegt unter anderem darin begründet, dass das theoretische Wissen eine erhebliche Bedeutungssteigerung erfährt, da jede moderne Gesellschaft auf Neuerungen angewiesen ist und nach sozialer Kontrolle strebt (Vgl. Bell, 1976: 36). Dies wiederum hat zur Folge, dass Pläne und Prognosen aufgestellt werden müssen, sodass theoretisches Wissen unabdingbar wird (Vgl. ebd.).

Einen weiteren Grund für die Veränderungen in der Art und Weise der Vermittlung stellt der technische Fortschritt dar. Der Gebrauch der Informationstechnologien unterliegt einer Rationalität, „zu der jeder kraft seines Verstandes Zugang hat und die daher jedem zu eigen sein kann" (Sesink, 2004: 103). Somit ist auch in punkto Technik die Brücke zur Aufklärung geschlagen, orientiert sich das Zitat von Sesink nach dessen eigener Aussage doch bewusst an dem berühmten Satz von Immanuel Kant aus dem Jahre 1784: „*Sapere aude!* Habe Mut, dich deines **eigenen** Verstandes zu bedienen" (Kant, 1784 in Berlinische Monatsschrift, 1784: 481). Vermittlung als pädagogisches Grundprinzip erlebt folglich in der modernen Wissensgesellschaft vor allem hinsichtlich der technischen Umsetzung einen erheblichen Wandel. Dennoch bleibt die Vermittlung als wesentliche Funktion der Pädagogik erhalten, da die Pädagogen zu den „Welterklärern" gehören, die Orientierung in dieser komplizierten Welt vermitteln können und es heutzutage umso mehr müssen (Vgl. Fileccia, 2012: Interview. Siehe Anhang, S. 120).

Zu diesen „Welterklärern" zählen auch die Journalisten, deren Aufgabe in erster Linie darin besteht, zu informieren und Öffentlichkeit herzustellen. Dies leistet der Journalismus in Form von Artikeln, die tatsachenbezogener (Nachrichten, Berichterstattung) oder subjektiver Natur (Meinungen, Kommentare) sein können. Diese grundlegende Arbeitsmethode grenzt zunächst einmal journalistisches von pädagogischem Handeln ab, führt aber bei genauerer Betrachtung zu der Annahme, dass der prinzipielle Anspruch des Journalismus ebenfalls darin besteht, komplizierte Themen verantwortungsbewusst zu vermitteln (Vgl. Mast, 2008: 122). Der Vermittlungsaspekt spielt im Journa-

---

[72] Zum Aspekt der Mündigkeit in der Erziehung siehe Theodor Adorno und seinen Beitrag „Erziehung zur Mündigkeit" aus dem Jahre 1972.

lismus in zweierlei Hinsicht eine tragende Rolle. Zum einen stellt die Vermittlung von Themen und Informationen letzten Endes den Zweck journalistisch recherchierter und aufbereiteter Themen dar und zum anderen gehört die Vermittlung als Kompetenz, die die Kenntnis der Darstellungsformen und der medienspezifischen Präsentationsmöglichkeiten umfasst (Vgl. ebd.), zum grundlegenden Repertoire eines Journalisten. Der Vermittlungsgedanke als Gemeinsamkeit journalistischer und pädagogischer Prozesse findet in der Praxis Ausdruck in „Vermittlungs-Partnerschaften"[73] zwischen Radio- und Fernsehsendern sowie Bildungsinstitutionen. Als Beispiel für eine solche Partnerschaft lässt sich das Projekt „Ö1 macht Schule" – eine Kooperation zwischen dem österreichischen Radiosender Ö1, dem Bundesministerium für Unterricht, Kunst und Kultur und der pädagogischen Hochschule Wien betrachten (Vgl. Österreichischer Hörfunk, 2010[74]). Im Rahmen dieses Vermittlungsprogrammes stellt der Radiosender der Hochschule ausgewählte Sendungen als Unterrichtsmaterial zur Verfügung, zu dessen Inhalten Didaktikexperten und fallweise auch die Sendungsgestalter Fragen und Aufgaben entwickeln, die im Unterricht oder im Selbststudium bearbeitet werden können (Vgl. Dr. Bernhofer, 2012: Interview. Siehe Anhang, S. 123). Allerdings beschränkt sich diese Kooperation nicht darauf, dass der Radiosender die erarbeiteten Materialien lediglich an die Schule weitergibt, sondern der oben skizzierte Vermittlungsgedanke wird interdisziplinär umgesetzt, indem an der Pädagogischen Hochschule Wien Einführungs- und Fortbildungsseminare für Lehrer angeboten werden, in denen es nicht nur darum geht, „wie einzelne Sendungen und journalistische Beiträge effektiv im Unterricht genutzt werden können, sondern ebenso um Fragen des Recherchierens, der journalistischen bzw. didaktischen Aufbereitung von aktuellen Inhalten (das Verhältnis von Mediendramaturgie und „Unterrichts-Dramaturgie"), um die Didaktik des Hörens und das Phänomen Stimme" (Dr. Bernhofer, 2012: Interview. Siehe Anhang, S. 124).

Vermittlung ist an dieser Stelle als übergeordnete Arbeitstechnik zu verstehen, die aus der pädagogischen Didaktik (Gestaltung von Unterrichtsprozessen) und der journalistischen Didaktik (Aufbereitung von Inhalten) erwächst. Sie verkörpert den arbeitstechnischen Anspruch von Pädagogen und Journalisten, ein „Produkt" zu kreieren und es an die Adressaten, beziehungsweise Leser, weiterzugeben. Im Folgenden werden die Methoden Recherche und Moderation zum einen als Beispiele für die Verquickung von pädagogischen und journalistischen Arbeitstechniken erläutert, und zum anderen zur

---

[73] Dieser Ausdruck stammt von Dr. Martin Bernhofer; zitiert aus dem Interview im Anhang auf Seite 124.
[74] Abgerufen am 07.05.2012 unter http://oe1.orf.at/artikel/246753

Verdeutlichung dafür herangezogen, dass sich der Kompetenzkatalog sowohl pädagogischer als auch journalistischer Akteure mit der Einführung digitaler Hilfsprogramme erweitert. Um mit den Worten des chinesischen Philosophen Laozi zu sprechen: „Lernen ist wie Rudern gegen den Strom. Hört man damit auf, treibt man zurück" (Laozi in von Traufenstein, 2012: o.S.).

5.2 (Online-) Recherche

Der Begriff Recherche taucht in vielen Zusammenhängen auf, sei es in der Bibliothek, an der Universität oder im Internet. Aber ist es richtig, es als Recherche zu bezeichnen, wenn man sich in der Universitätsbibliothek nach einem Buch umsieht oder aus dem Internet öffentlich zugängliche Informationen bezieht? Zunächst einmal umfasst die Recherche ein professionelles Verfahren, „mit dem Aussagen über Vorgänge beschafft, geprüft und beurteilt werden" (Haller, 2000: 39). Die Fähigkeit, in der Wissensgesellschaft Informationen zu generieren, deren Wahrheitsgehalt durch ausgiebige Überprüfung sichergestellt werden konnte, gehört in einer Gesellschaft, die mehr denn je auf Wissen und Informationen basiert, zu einer enorm wichtigen Kompetenz. Aufgrund der Menge an frei zugänglichen Daten, Informationen und Wissensbeständen gewinnt die qualitative Überprüfung dieser abgerufenen Informationen eine neue, wichtige Bedeutung, da sie Orientierung verspricht. Das Recherchieren hat sich mit der Zunahme an öffentlich zugänglichen Quellen nicht vereinfacht, da die Recherche weiterhin nicht auf das bloße Abrufen von bereitgelegten Informationen, sondern auf „die Beschaffung, Überprüfung, Bewertung und Deutung des Neuen im Rahmen des schon Bekannten" (ebd.: 41) abzielt. Der Sinn und Zweck der Recherche besteht darin, neue Erkenntnisse zu gewinnen und auf der Grundlage jener Fakten neue Sinnzusammenhänge zu erschließen. Die Recherche gräbt also tiefer und verfolgt einen Wirklichkeitsanspruch, indem sie Interpretationen nur zulässt, wenn sie auf faktischen Aussagen beruhen (Vgl. ebd.). Mit diesen Eigenschaften zählt das Recherchieren zu den Kernkompetenzen eines Journalisten, dessen wesentliche Aufgabe darin besteht, bisher unbekannte Informationen der Öffentlichkeit zugänglich zu machen. Betrachtet man die Möglichkeiten eines Journalisten, Informationen zu überprüfen und gegebenenfalls investigativ zu recherchieren, indem geheim gehaltene Fakten beschafft und publik gemacht werden (Vgl. ebd.: 29), lässt sich leicht zwischen der Recherche, die auf die Überprüfung von Informationen und die Herstellung von Faktenlagen abzielt, und der Recherche, die sich auf die Beschaffung von öffentlich zugänglichen Informationen bezieht, unterscheiden. Bei der professionellen Recherche eines Journalisten geht es nämlich darum, „die richtigen Fragen zum richtigen Zeitpunkt an die richtigen Leute zu stellen" (ebd.: 13), während das Recherchieren in der Bibliothek oder im Internet vor allem den zielbringenden Umgang mit Suchmaschinen beinhaltet. Die professionelle Recherche erfordert viel Zeit und gehört deshalb oft nicht zum Alltag vieler Medienredakteure, die eher damit beschäftigt sind, Agenturmeldungen[75] zu bearbeiten und die Texte externer Mitarbeiter und Korrespondenten zu redigieren (Vgl. Haller, 2000: 17).

Die Art der Recherche, die sich eher auf die bloße Suche nach Informationen und in erster Linie nicht auf deren Überprüfung konzentriert, gewinnt aufgrund der enormen Menge an frei zugänglichen Informationen an Bedeutung. Allerdings ist es besonders im Internet wichtig, die Seriosität von Quellen beurteilen zu können. In der Wissensgesellschaft werden immer mehr Daten, Informationen und Wissensbestände aus Printerzeugnissen in digitale Massenspeicherungs-Archive verschoben, sodass das Internet einen Quellen-Fundus darstellt, dessen Inhalte aus aller Welt zusammengetragen und täglich erweitert werden. Das Internet gewährleistet eine nahezu unmittelbare Aktualität und bietet unendlich viel virtuellen Raum, um neue Informationen zu speichern. Je mehr Informationen verfügbar sind, desto eher gerät die Fähigkeit, diese Informationen abzurufen, in den Vordergrund. Die (Online-) Recherche kann daher als Schlüsselkompetenz im Kontext der Medienkompetenz angesehen werden, deren Vermittlung Aufgabe der Lehrer in den Schulen ist – „soweit es den Fachunterricht oder auch grundlegende Informationen zu Mediengebrauch und -produktion angeht" (Neuß, 2003: 118). Die Recherche im Sinne von Informationsbeschaffung und Beurteilung dieser Informationen sollte daher durchaus Bestandteil (medien-) pädagogischer Bildungsprozesse sein.

In diesem Zusammenhang gilt es zu beachten, dass mit der Vermittlung von Medienkompetenz – bezogen auf die technische Bedienungsfähigkeit – längst nicht davon ausgegangen werden kann, dass damit gleichzeitig auch die Fähigkeit zur Online-Recherche erworben wurde. In diesem Zusammenhang lässt sich ein Phänomen erwähnen, das besonders bei der Betrachtung diverser Kommentare im Internet ins Auge fällt. Die Webauftritte zahlreicher Zeitungen und Magazine beinhalten mittlerweile eine

---

[75] Damit sind die Meldungen der Deutschen Presse Agentur gemeint (dpa). Vor allem regionale Zeitungen beziehen sich in ihren Artikeln zu Themen mit nationaler und internationaler Tragweite häufig auf solche dpa-Meldungen, sodass in verschiedenen Zeitungen oft nahezu identische Artikel auftauchen. In diesem Zusammenhang spricht man von Second-Hand-Journalismus.

Kommentarfunktion, die es dem Nutzer erlaubt, unmittelbar nach Erscheinen eines Artikels auf den Inhalt zu reagieren und in eine Diskussion mit anderen Nutzern einzusteigen, sodass die Grenzen zwischen Rezeption und Diskussion aufgehoben werden und ineinander übergehen (Vgl. Simons, 2011: 155). Diesbezüglich ist es auffallend, dass es durchaus keine Seltenheit ist, dass Nutzer zwar die Fähigkeiten beherrschen, bestimmte Webseites anzusurfen, Kommentare zu schreiben, Bilder und Videos auf Youtube und Facebook hochzuladen, aber in gewissen Fällen möglicherweise nicht über die nötige (Recherche-) Kompetenz verfügen, selbständig einen Sachverhalt in Erfahrung zu bringen. Als Beispiel lässt sich der Kommentar eines Internetnutzers in einem Forum anführen, der die Frage stellt, wann ein bestimmtes Fußballspiel stattfindet und ob dieses live im Fernsehen übertragen wird[76]. Dabei stellt sich die Frage, ob der Nutzer nicht in der Lage ist, diesen Sachverhalt selbständig zu recherchieren – was mit wenigen Mausklicks zu bewältigen wäre – oder ob er es bewusst vorzieht, die Frage in einem öffentlichen Forum selbst zu stellen, um Antworten anderer Nutzer zu erhalten. Diese Frage lässt sich an dieser Stelle nur spekulativ unter Zuhilfenahme wissenschaftlicher Argumente beantworten: Zunächst einmal liegt angesichts der enormen Menge an Nutzerkommentaren, die besonders zu brisanten aktuellen Themen auf den Webseiten der großen Tageszeitungen abgegeben werden, die Vermutung nahe, dass das Bedürfnis, sich zu äußern, grenzenlos erscheint (Vgl. Frankfurter Allgemeine Zeitung, 2008[77]). Desweiteren bietet ein webbasiertes Forensystem die Möglichkeit, mit rudimentären technischen Fähigkeiten einen Kommentar zu erstellen und somit als Sender einer Nachricht in Erscheinung zu treten (Vgl. Fachgruppe der Deutschen Gesellschaft für Publizistik- und Kommunikationswissenschaft, 2004[78]). Die Internetforen bieten folglich die Möglichkeit der Selbstdarstellung, indem man ein eigenes Thema erstellt, Antworten anderer Nutzer erhält und somit im Mittelpunkt einer Diskussion steht. Gleichzeitig dienen sie als Beispiel dafür, wie moderne Kommunikationsmittel zum Austausch und zur Beschaffung von Informationen eingesetzt werden können. Somit fungieren sie letztlich als Recherchemittel, das die eigenständige Suche nach Informationen vereinfachen kann.

---

[76] Link zu dem Forumeintrag abgerufen am 18.04.2012 unter http://www.gutefrage.net/frage/frage-wegen-bayern-in-der-cl

[77] Abgerufen am 18.04.2012 unter http://www.faz.net/aktuell/feuilleton/medien/online-kommentare-wie-sag-ich-s-meinem-randalierer-1515755.html

[78] Im Internet abgerufen am 18.04.2012 unter http://www2.dgpuk.de/fg_cvk/dortmund_2004/abs.pdf#page=31

Der arbeitstechnische Berührungspunkt zwischen den beiden Disziplinen Pädagogik und Journalismus in punkto (Online-) Recherche besteht darin, dass die Kompetenz zur Beschaffung von Informationen im Internet sowohl für den Lehrer als auch für den Journalisten erhebliche Vorteile mit sich bringt. Einem Pädagogen erlaubt die Fähigkeit, kompetent mit dem Internet im Sinne einer Informationsquelle umzugehen, einen Zugang zu der Lebenswelt der Jugendlichen zu finden und verstärkt digitale Medien im Unterricht einzusetzen. Es lassen sich zwar immer mehr Informationen im Internet abrufen, allerdings birgt die digitale Recherche die Gefahr, unseriöse Quellen nicht als solche ausmachen zu können. Im Gegensatz zu der herkömmlichen Recherchemethode – die Suche in Büchern – erfordert die Online-Recherche erweiterte Kompetenzen, die sowohl auf Seiten der Lehrer als auch auf Seiten der Schüler vorhanden sein müssten. Damit dies der Fall sein kann, müsste ein Umdenken stattfinden, denn „auch die Lehrerausbildung müsste sich grundlegend ändern" (Bernsen in Allgemeine Zeitung vom 24.04.2012: 3). Die Fähigkeit, Informationen eigenständig zu recherchieren und anschließend zu bewerten, wird somit auch in pädagogischen Bildungsprozessen zunehmend eine Rolle spielen. Mehr Selbständigkeit in der Informationsbeschaffung erfordert eben auch mehr Kompetenzen, denn „wer mit digitalen Medien arbeitet, öffnet seinen Unterricht inhaltlich und methodisch. Das führt zu einer Freiheit und Individualisierung, die das pädagogische Selbstverständnis der Lehrer stark verändern werden" (ebd.).

5.3 Moderation

Der Begriff Moderation taucht in verschiedenen Kontexten auf und besitzt dementsprechend mehrere Bedeutungsebenen. Im Unterhaltungsbereich hat der Moderator die Aufgabe, mit sprachlichen Mitteln die inhaltlichen Teile einer Veranstaltung miteinander in Einklang zu bringen, im Bereich Information und Journalismus, wie beispielsweise in einer Polit-Talk-Sendung, soll der Moderator durch gezielte Fragen Informationen für das Publikum generieren und im Rahmen von generellen Problembearbeitungsprozessen dazu beitragen, Probleme zu bearbeiten und zu lösen (Vgl. Seifert in Auhagen / Bierhoff, 2003: 75). In diesem Abschnitt soll es weniger um die Aufgaben eines Fernseh- oder Hörfunkmoderators gehen, sondern eher um die Bedeutung von Moderation für den Online-Journalismus und moderne pädagogische Bildungsprozesse.

Die digitale Kommunikation im World Wide Web ist dadurch gekennzeichnet, dass potentiell jeder in der Lage ist, sich selbst darzustellen und an Diskussionen mitzuwirken. Auf diese Weise werden aus passiven Konsumenten aktive Produzenten, denen mit dem Hochladen von Bildern und Videos sowie dem Setzen von Links aller Art Möglichkeiten zur Verfügung stehen, „den Code ihrer Kommunikationsumwelt und damit die mediale Welt nach eigenen Angaben zu verändern" (Thiedeke in von Gross / Marotzki / Sander, 2008: 46-47). Diese neu gewonnenen Freiheiten kommen vor allem in der Kommentarfunktion auf den Webseiten der Tageszeitungen und Magazine zum Tragen, denn dort kann prinzipiell jeder Nutzer seine persönliche Meinung kundtun und zur Verdeutlichung seiner Argumente Quellen jeglicher Art verlinken. Diese Möglichkeiten sorgen für eine Netzwerkkommunikation, die aufgrund ihrer selbständigen Formen unter den Bedingungen einer, wie Thiedeke es ausdrückt, *„evolutionären Komplexitätsdynamik"* (Thiedeke in von Gross / Marotzki / Sander, 2008: 47) abläuft. Diese Komplexität birgt neben einer Vielzahl von Chancen und Möglichkeiten allerdings auch Risiken und Probleme. Im Hinblick auf die Kommentarfunktion unter Artikeln von Online-Nachrichtendiensten hat sich herausgestellt, dass die bloße Bereitstellung dieser Funktion nicht zwangsläufig dazu führt, kluge Diskussionen und intelligente Denkanstöße seitens der Nutzer zu bekommen. Vielmehr stehen die Redakteure dieser Nachrichtenseiten vor der schwierigen Aufgabe, Kommentare, die menschenverachtende, rassistische oder schlicht beleidigende Inhalte aufweisen, zu kontrollieren. Dabei bewegen sich die Redakteure auf einem schmalen Grat zwischen Moderation und Zensur. Die Freiheit der Nutzer führt folglich zu neuen Aufgaben für die Online-Redakteure, die die Kommentare der Nutzer verwalten. Denn, wie es Frank Thomsen, der Chefredakteur von *Stern.de* ausdrückt: „Nach der Phase der fast kindlichen Euphorie darüber, dass user generated content so einfach zu bekommen ist, müssen wir Medien nun dringend in die nächste Phase eintreten. User, herzlich willkommen - aber nur die, die sich an die Mindestregeln von Communitys halten" (Thomsen in Frankfurter Allgemeine Zeitung, 2008[79]).

Die Form der Moderation, die Journalisten in diesem Zusammenhang betreiben, bezieht sich vor allem auf die ursprüngliche Bedeutung des lateinischen Wortes „moderatio"

---

[79] Abgerufen am 25.04.2012 unter http://www.faz.net/aktuell/feuilleton/medien/online-kommentare-wie-sag-ich-s-meinem-randalierer-1515755.html

(=das rechte Maß, die Mäßigung, das Maßhalten[80]). Die Redakteure greifen mäßigend in den Kommentarverlauf ein, wenn „etwas Gegenläufiges stattfindet" (Seifert in Auhagen / Bierhoff, 2003: 75). Dies geschieht dann, wenn Kommentare dazu genutzt werden, menschenverachtende Äußerungen zu tätigen. Die großen Online-Nachrichtenportale haben noch keinen einheitlichen Kurs gefunden, wie mit solchen Kommentaren verfahren werden soll. Um Hetze im Internet vorzubeugen, entschied sich die Stockholmer Boulevardzeitung *Aftonbladet*, Schwedens größtes Print- und Onlinemedium, im vergangenen Jahr dazu, anonyme Kommentare zu verhindern. Wer einen Artikel auf der Webseite des *Aftonbladet* kommentieren möchte, muss sich mit seinem Facebook-Account anmelden (Vgl. TAZ, 2011[81]). Auch deutsche Nachrichten-Webseiten wie *Focus Online* und *FAZ.net* veröffentlichen nicht jeden Kommentar und redigieren jene sogar zuweilen (Vgl. Frankfurter Allgemeine Zeitung, 2008[82]). Diese Beispiele zeigen, dass viele Nachrichtenportale mit der Qualität der Kommentare nicht zufrieden sind und es als ihre Pflicht ansehen, diese Kommunikationsprozesse zu moderieren, indem sie als „mäßigend wirkende, zwischen Standpunkten und Sichtweisen vermittelnde Lenker" (Seifert in Auhagen / Bierhoff, 2003: 79) agieren.

In einer Disziplin wie der Pädagogik, die auf Kommunikation basiert, spielt die Moderation traditionsgemäß eine wichtige Rolle. Angewendet wird diese Methode vor allem im Unterricht, den der Lehrer moderiert und in Gruppengesprächen, in deren Mittelpunkt die Bearbeitung eines Problems steht. Im Unterschied zu den oben skizzierten journalistischen Moderationsprozessen, in denen die Inhalte der Diskussionen die Gesprächsteilnehmer in der Regel nicht direkt betreffen, stehen die Erkenntnisse, die in pädagogischen Gruppengesprächen ermittelt werden, meist in direktem Zusammenhang mit den beteiligten Gesprächsteilnehmern (Vgl. Seifert in Auhagen / Bierhoff, 2003: 79). Trotzdem ähneln sich die Aufgaben des Moderators in den beiden genannten Moderationstechniken. Sowohl in journalistischen als auch in pädagogischen Prozessen tritt der Moderator als eine Autorität auf, die in journalistischer Hinsicht das Ziel verfolgt, eine Kommunikation in Gang zu setzen, die neue Informationen hervorbringt, und in pädagogischer Hinsicht darauf abzielt, Lernprozesse einzuleiten und zu strukturieren (Vgl. Völzke in Dewe / Wiesner / Wittpoth, 2001: 75). Die Auseinandersetzung mit der

---

[80] Übersetzung gemäß PONS-Wörterbuch im Internet; abgerufen am 25.04.2012 unter http://de.pons.eu/dict/search/results/?q=moderatio&l=dela&in=&lf=de
[81] Abgerufen am 25.04.2012 unter http://www.taz.de/!77144/
[82] Abgerufen am 25.04.2012 unter http://www.faz.net/aktuell/feuilleton/medien/online-kommentare-wie-sag-ich-s-meinem-randalierer-1515755.html

neuen Lernkultur (Vgl. Kapitel 3.1.3) kann dahingehend interpretiert werden, dass künftig nicht mehr nur die Moderationsfähigkeit der Lehrer, sondern zunehmend auch die Fähigkeit zu eigener Moderation im Sinne einer Korrekturfähigkeit des eigenen (Lern-) Verhaltens wichtig wird. Das Konzept vom selbstgesteuerten und selbstbestimmten Lernen sieht vor, dass der Lernende mehr Verantwortung für seinen individuellen Lernprozess übernimmt (Vgl. Dresselhaus, 2006: 109). Daraus folgt, dass der Lernende über die nötigen Kompetenzen verfügen muss, um seine Lernprozesse selbständig beobachten und daraus Folgerungen ziehen zu können (Vgl. Dresselhaus, 2006: 111). Er muss also in der Lage sein, seine Lernabläufe zu kontrollieren, und mäßigend in das eigene Verhalten einzugreifen, wenn sich ein zuvor gewähltes Vorgehen als fehlerhaft und nicht zielführend erweist. In diesem Kontext könnte man formulieren, dass der Lernende sich selbst moderiert, indem er seine eigenen Verhaltensweisen selbstreflexiv beobachtet, gegebenenfalls mäßigt und entsprechend anpasst. Moderation wird somit zu einer elementaren Kompetenz, die dann zur Anwendung kommt, wenn „etwas (zumindest tendenziell) Trennendes vorliegt, das zusammengeführt werden muss bzw. soll, um ein bestehendes Problem zu lösen oder ein angestrebtes Ziel zu erreichen" (Seifert in Auhagen / Bierhoff, 2003: 78).

Zusammenfassend lässt sich konstatieren, dass die Moderationsfähigkeit sowohl in journalistischen als auch in pädagogischen Prozessen eine wichtige Rolle spielt und in der Wissensgesellschaft noch an Bedeutung zunimmt, da sie in neuen Kontexten angewendet werden kann. Im Online-Journalismus geschieht dies in Form der direkten Moderation von Leser-Kommentaren. In der Pädagogik ist die Entwicklung zu beobachten, dass im Hinblick auf die neue Lernkultur die Moderation keine Experten-Angelegenheit mehr ist, sondern in die eigene Verantwortung der Lernenden übergeht. Moderation ist in beiden Disziplinen als Anleitung, Vermittlung und Hilfestellung zu verstehen. Um mit den Worten des italienischen Philosophen und Mathematikers Galileo Galilei zu sprechen: „Man kann einen Menschen nichts lehren, man kann ihm nur helfen, es in sich selbst zu entdecken" (Galileo Galilei in von Traufenstein, 2012: o.S.). Zum Abschluss dieses Kapitels erfolgt an dieser Stelle die zusammenfassende Mind-Map:

Abb. 4: Arbeitstechnische Berührungspunkte (Mind-Map)

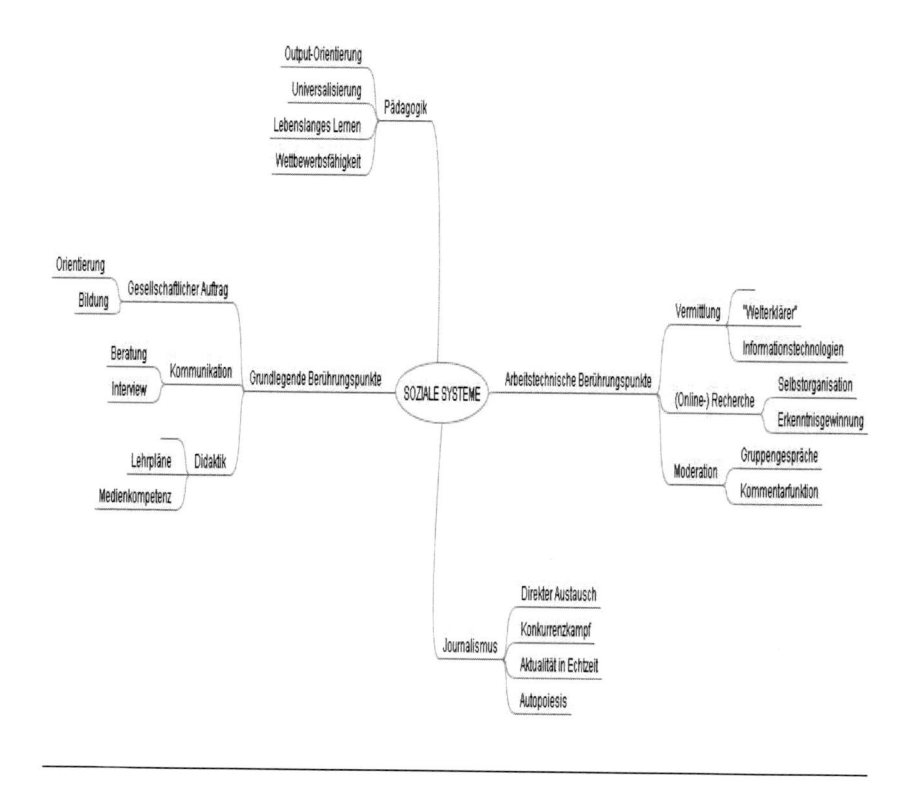

6 Thematische Berührungspunkte

In diesem Kapitel werden die oben beschriebenen grundlegenden und arbeitstechnischen Berührungspunkte anhand von pädagogischen und journalistischen Themenfeldern in einen praxisorientierten Kontext gestellt. Diese Ausführungen zu den Arbeitsfeldern Medienpädagogik, Nutzwertjournalismus, Informationspädagogik und Bildungsjournalismus sollen zeigen, dass sich Themenfelder entwickelt haben, die sowohl pädagogische als auch journalistische Elemente beinhalten.

6.1 Medienpädagogik

Die neuen Medien dringen in sämtliche gesellschaftliche Teilbereiche vor und bewirken somit auch Veränderungen im Bildungsbereich, denn es gibt „keine auf Erziehung und Bildung gerichteten Handlungen und Prozesse, die *nicht* von gesellschaftlichen Bedingungen gerahmt, durchformt, strukturiert und auf verschiedenste Weise beeinflusst wären" (Liesner / Lohmann, 2010: 9). Die logische Konsequenz daraus ist, dass sich der Teilbereich der Medienpädagogik herausgebildet und mittlerweile fest etabliert hat. Als Kernbegriff der Medienpädagogik kann die Medienbildung angesehen werden, die zum einen die Fähigkeit vermitteln soll, Medien im Allgemeinen kompetent nutzen zu können und zum anderen diese kompetente Mediennutzung für Bildungszwecke einsetzen zu können (Vgl. Neuß, 2003: 89).

Das Vorhandensein elektronischer Lernplattformen an vielen Hochschulen und die Nutzung von computergestützter Lernsoftware in den Unterrichtsprozessen einiger Schulen verdeutlicht, dass die Thematik Medien eine immer größer werdende Bedeutung für die Pädagogik hat. Die Auseinandersetzung mit Medien erfordert von den Medienpädagogen neue Kompetenzen, die ihren Ursprung zum Teil in anderen Disziplinen haben. Folgende Kompetenzen werden nach Schäfer für die Medienpädagogen wichtig: „Reflexive Kompetenz, technische Kompetenz; didaktisch-methodische Kompetenz; kreative Kompetenz, soziale Kompetenz; journalistische Kompetenz; Beratungskompetenz; ästhetische Kompetenz; juristische Kompetenz" (Nach Schäfer in Neuß, 2003: 34). Diese Auflistung zeigt die interdisziplinaren Einflüsse, die die Medienpädagogik prägen. Journalistische Kompetenzen sind vor allem dann gefragt, wenn die Pädagogen nicht nur Medienanalyse betreiben sondern die Medien aktiv als Erfahrungsräume, die neue Bildungsoptionen und –chancen bieten, nutzen (Vgl. Marotzki / Jörissen in Fromme / Sesink, 2008: 57). Als Beispiel lässt sich das Schulfernsehen anführen, das als technisches Hilfsmittel zur Ergänzung im Schulunterricht eingesetzt wird. Das Medium Fernsehen, das von der Berufsgruppe der Journalisten dominiert und im Alltag eingesetzt wird, kann in Unterrichtssituationen die Funktion der Wissensvermittlung übernehmen und den Ablauf einer Unterrichtsstunde vorgeben (Vgl. Neuß, 2003: 109). Auf diese Weise lässt sich das vorrangig journalistische Medium Fernsehen um eine Dimension erweitern, die neben der Information und der Unterhaltung Bildung und Orientierung enthält. Dieser Aspekt ist allerdings nicht neu, wenn man bedenkt, dass die Pädagogik dadurch, dass sie auf Darstellung und Kommunikation basiert, welche wiederum nur mit Hilfe von Medien möglich sind, schon immer sehr eng mit Medien verbunden war, denn „eine Pädagogik, die ohne Mittel und Mittler auskommt – un-mittel-bar sozusagen –, ist nicht denkbar" (Vgl. Meyer in Fromme / Sesink, 2008: 73). Als Belege dafür, dass Medien in pädagogischen Prozessen schon früh eine Rolle spielten, lässt sich anmerken, dass die Zeitung bereits im 17. Jahrhundert als didaktisches Medium und Mittel für den Unterricht zum Zwecke der Erweiterung und Aktualisierung von Kenntnissen eingesetzt wurde (Vgl. Wilke / Eschenauer, 1981: 22-24). Desweiteren förderte der deutsche Staat schon zu Zeiten des ersten Weltkrieges die Herstellung von Schul- und Lehrfilmen für den Unterricht (Vgl. ebd.: 28). Medienpädagogik im Sinne des Nutzens von Medien für pädagogische Zwecke hat also durchaus eine lange Tradition, die in der Moderne nun dadurch ergänzt wird, dass das digitale Medium entstanden ist und nicht nur als Gegenstand der Vermittlung sondern auch als unmittelbarer Gegenstand von Bildung anerkannt werden kann (Vgl. Schelhowe in Fromme / Sesink, 2008: 95), da es tägliche Arbeitsläufe in nahezu allen Bereichen maßgeblich verändert hat, und zu einer gesellschaftlichen Konstante geworden ist. Weder der Aufstieg des Radios noch des Fernsehens, sondern erst der der „neuen Medien" hat zu einer expliziten Herausbildung der Fachrichtung Medienpädagogik geführt, deren Ansatzpunkt nicht in der Verarbeitung von Gewaltdarstellungen in Medien besteht, sondern in dem vernünftigen, aktiven, selbstbestimmten und kritischen Umgang mit allen möglichen medialen Formen von Angeboten und Informationen (Vgl. Neuß, 2003: 129). Bricht man diese Entwicklung auf eine einfache Schlussfolgerung herunter, könnte man formulieren, dass die „neuen Medien" dafür verantwortlich sind, dass gewisse Kompetenzen, die ursprünglich einem bestimmten System zugeschrieben wurden, sich aus ihrem Kontext herauslösen und in anderen Systemen benötigt werden.

Die Verbindung von pädagogischen mit journalistischen Arbeitsformen ist demnach den modernen Informations- und Kommunikationstechnologien geschuldet, ohne die Bildung aufgrund ihrer historischen Nähe zu Medien nicht auskommt.

Die Tätigkeit, die die Medienpädagogen – im Prinzip auch Pädagogen im Allgemeinen – und Journalisten miteinander verbindet, ist der Anspruch, einen Sachverhalt verständlich und in einer anschaulichen Vortragsform zu vermitteln. Um mit den Worten des englischen Nobelpreisträgers George Bernard Shaw zu sprechen: „Hohe Bildung kann man dadurch beweisen, dass man die kompliziertesten Dinge auf einfache Art zu erläutern versteht" (Shaw in von Traufenstein, 2012: o.S.).

6.2 Nutzwertjournalismus

Der Unterschied zwischen pädagogischen und journalistischen Prozessen besteht augenscheinlich darin, dass sich die Handlungen des Pädagogen in der Regel direkt auf den Klienten und dessen Lebenswelt beziehen, sodass dieser im Optimalfall unmittelbar von den Bemühungen des Pädagogen profitieren kann. Die herkömmliche Tätigkeit des Journalisten besteht in der Berichterstattung und der Informationsvermittlung und beinhaltet somit keinen direkten Nutzen für den Leser und dessen Alltagswelt. Allerdings hat der Journalismus verschiedene Facetten, die über die reine Informationsbeschaffung hinaus gehen und es ermöglichen, „Unterstützungsleistungen mit der Perspektive einer Umsetzbarkeit im praktischen Alltag anzubieten" (Eickelkamp, 2011: 17). Dieser journalistische Typ wird als Nutzwertjournalismus bezeichnet und zeichnet sich dadurch aus, dass er gegenüber dem Rezipienten eine Kommunikationsabsicht verfolgt, die jenen in einer Handlungsabsicht unterstützen soll (Vgl. Fasel, 2004: 16). Der Nutzwertjournalismus beinhaltet nach Fasel die Funktionen „Hinweise geben, Orientierung verschaffen und Rat geben" (ebd.) und Eickelkamp verweist darauf, dass der Nutzwertjournalismus häufig als Ratgebung, Service und Verbraucherjournalismus bezeichnet wird und Leistungen erbringt, die für die gesamte Gesellschaft relevant sind (Vgl. Eickelkamp, 2011: 18). Diese journalistische Sparte umfasst Sachtexte, die Hintergrundinformationen und gegebenenfalls Ratschläge zu Themen enthalten, die von breitem öffentlichem Interesse sind, wie Gesundheit, Ernährung, Beruf, Hobbys und auch Erziehung.

Die Entgrenzung und die damit verbundene Universalisierung des Pädagogischen (Vgl. Kapitel 3.1.2) führt dazu, dass pädagogisches Wissen sich aus seinem ursprünglichen Kontext löst und zu einem öffentlich diskutierten Thema wird, dem sich auch im Nutzwertjournalismus, häufig in Form von Erziehungsratgebern, gewidmet wird. Ein Ausdruck dessen ist die Vielzahl an Ratgeberliteratur, die den Büchermarkt in den vergangenen Jahren überschwemmt hat. Auch wenn die Umsatzzahlen mit Ratgeberbüchern – als verbreitetste Textsorte des Nutzwertjournalismus – seit einigen Jahren rückläufig sind, bildet die Ratgeberliteratur mit einem Marktanteil von 13,9 Prozent hinter der Belletristik und Kinder- und Jugendbüchern die drittstärkste Umsatzgruppe auf dem Büchermarkt (Vgl. Boersenblatt.net, 2011[83]). Vor allem im Bereich der Erziehung gibt es eine Fülle an Ratgebern, die neben der Literatur auch in Fernsehformaten und im Internet zu finden sind. Den Grund dafür, warum Sachtexte aller Art einen regelrechten Boom erfahren, sieht Christoph Fasel darin, dass sich nur noch die wenigsten Leser, angesichts der enormen Menge an Informationen und Nachrichten, die täglich auf sie einprasseln, sachgerecht orientieren können (Vgl. Fasel, 2004: 10). Der Nutzwertjournalismus nutzt als Mittel jene Texte, „die den Leser nicht nur informieren und unterhalten, sondern vor allen Dingen orientieren und ihn mit handfesten Ratschlägen versehen" (ebd.). Der entscheidende Unterschied zum neutralen Nachrichten-Journalismus besteht darin, dass in den Sachtexten, die einen Nutzwert für den Leser beinhalten sollen, eine klare Position bezogen wird, die sich in Entscheidungshilfen und konkreten Handlungsanleitungen äußert (Vgl. ebd.: 22). Besonders verbreitet sind in diesem Zusammenhang die Selbsthilferatgeber, in deren Mittelpunkt vor allem das Thema Selbstoptimierung steht (Vgl. Duttweiler in Welt Online, 2012[84]). Nutzwertjournalismus geht über den klassischen journalistischen Vorsatz, zu informieren und zu berichten hinaus, indem er Hintergründe zu einem bekannten Thema liefert, und Anregungen und Tipps enthält, die im täglichen Leben nutzbar sind. Kurzum: Service- oder Ratgeberbücher sind als Sachtexte zu verstehen, in denen etwas transportiert werden soll, das für den Leser eine persönliche Bedeutung hat (Vgl. Fasel, 2004: 11).

Der Nutzwertjournalismus lässt sich in seiner Funktion als Hinweis- und Ratgeber als interdisziplinäre Brücke zur Pädagogik begreifen, da die Akteure beider Disziplinen ihr

---

[83] Abgerufen im Internet am 01.05.2012 unter
http://www.boersenblatt.net/373296/template/bb_tpl_branchenzahlen/
[84] Abgerufen im Internet am 03.05.2012 unter
http://www.welt.de/gesundheit/psychologie/article13861027/Die-Selbstoptimierung-wird-zur-Religion-erhoben.html

Handeln auf Menschen und deren unmittelbare Lebenswelt ausrichten. Außerdem bieten journalistische Textsorten mit Anspruch auf Nutzwert und praktische Verwendbarkeit Pädagogen die Möglichkeit, ihr Fachwissen einzubringen und auf diese Weise Hilfestellungen und Problemlösungsvorschläge anzubieten. Die Wissensgesellschaft ist geprägt von einer noch nie zuvor da gewesenen Menge an Informationen und Neuigkeiten. Die Journalisten haben, um mit den Worten des Chefredakteurs des Nachrichtenmagazins *Focus*, Helmut Markwort, zu sprechen, „die Verantwortung, durch diese Informationsflut zu navigieren…Je komplizierter sich die eigene Sicht auf die Welt entwickelt, desto ratloser werden Menschen und um so wichtiger wird unser Rat. Daher gewinnt verantwortungsvoller Nutzwertjournalismus in Zukunft an Bedeutung" (Markwort in Fasel, 2004: 217).

6.3 Informationspädagogik

Die neuen Kommunikations- und Informationstechnologien ziehen sich wie ein roter Faden durch die Betrachtung der Wissensgesellschaft und ihrer einzelnen Teilbereiche. In diesem Buch wurde bereits darauf eingegangen, welche Veränderungen und Möglichkeiten sich durch die intensive Benutzung der „neuen Medien" für die Arbeitsabläufe in sozialen Systemen wie dem Journalismus und der Pädagogik ergeben. Die steigende Verwendung computergestützter Lernformen in Bildungsprozessen zeigt, dass in diesem Zusammenhang Verbindungen zwischen Disziplinen entstehen, die auf den ersten Blick nichts miteinander zu tun haben. Die Informatik als „Wissenschaft von der systematischen Verarbeitung von Informationen" (Gabler Verlag, o.J.[85]) befasst sich letztlich mit der Entwicklung von Maschinen und die Pädagogik mit der Entwicklung von Menschen (Vgl. Sesink, 2004: 112).

Mit der Entstehung von E-Learning, Online-Seminaren und virtuellen Hochschulen dringt die Informatik als technische Disziplin in den Bereich der Pädagogik ein, sodass sich neue Herausforderungen, Chancen, aber auch Probleme für die pädagogischen Arbeitsabläufe ergeben. Die Informationspädagogik befasst sich mit der theoretischen Bearbeitung dieser Probleme, die sich für die Pädagogik als praktische Wissenschaft infolge der Verbreitung der neuen Kommunikations- und Informationstechnologien

---

[85] Abgerufen am 28.04.2012 unter http://wirtschaftslexikon.gabler.de/Definition/informatik.html

stellen (Vgl. Sesink, 2004: 5[86]). Ihr Medienverständnis trennt die Informationspädagogik von der Medienpädagogik, da in der Informatik der Computer als ein Medium angesehen wird, über das etwas gelernt werden muss, damit man ihn zweckmäßig zur Erschließung der Welt einsetzen kann, während in der Medienpädagogik die technischen Medien eher als Mittel der Vermittlung verstanden werden, die es zu analysieren und gegebenenfalls zu entfernen gilt, damit die Lernenden zielführend mit diesen Medien umgehen können (Vgl. Schelhowe in Fromme / Sesink, 2008: 95). In der Informationspädagogik geht es darum, welche Folgen die Anwendung der modernen Informationstechnologien in Lernprozessen für die Theorie und Praxis der Pädagogik hat, und wie die technische Herangehensweise der Informatiker mit dem auf menschlicher Interaktion basierenden Weltbild der Pädagogen dahingehend miteinander in Einklang gebracht werden kann, dass aus einer gemeinsamen Zusammenarbeit sinnvoll konstruierte Lernmodelle hervorgehen, die den Ansprüchen beider Disziplinen Rechnung tragen. Da diese technischen Produkte letztlich in pädagogischen Prozessen zur Anwendung kommen, muss bei der Entwicklung darauf geachtet werden, dass informatische Systeme konzipiert werden, die auf die Bedürfnisse der Pädagogen zugeschnitten sind, denn die benötigte Leistung des pädagogischen Anwenders kann ohne die entsprechenden Kompetenzen nicht eingefordert werden (Vgl. Sesink, 2004: 128). Laut Sesink werden die Pädagogen eher selten in die Entwicklung der computer- und netzwerkgestützten Lernmodule mit eingebunden, die sie anschließend in der Praxis anwenden sollen (Vgl. Sesink, 2004: 8[87]). An anderer Stelle präzisiert Sesink diesen Gedanken, wenn er formuliert, dass seitens der Informatik erwartet werde, dass die Pädagogik sich der Technik zuwende, aber nicht die Notwendigkeit erkannt werde, dass die Technik auf die Pädagogik eingehen müsse (Vgl. Sesink, 2004: 128). Der elementare Unterschied zwischen den beiden Disziplinen Informatik und Pädagogik, der oben bereits erwähnt wurde, lässt sich mit einem Zitat von Ludwig Bauer und Gerhardt Goos aus deren gemeinsamem Lehrbuch „Informatik – eine einführende Übersicht" am ehesten verdeutlichen: „Die Befreiung des Menschen von der Last gleichförmiger, ermüdender geistiger Tätigkeit ist die stärkste Triebkraft in der Entwicklung der Informatik" (Bauer

---

[86] In Skript zur Vorlesung „Grundlagen der Informationspädagogik an der Technischen Universität Darmstadt im Wintersemester 2004 / 2005; abgerufen im Internet am 11.04.2012 unter
http://www.abpaed.tu-darmstadt.de/media/arbeitsbereich_bildung_und_technik/gesammelteskripte/gip_2004_skript_kompl.pdf
[87] In Skript zur Vorlesung „Grundlagen der Informationspädagogik an der Technischen Universität Darmstadt im Wintersemester 2004 / 2005; abgerufen im Internet am 28.04.2012 unter
http://www.abpaed.tu-darmstadt.de/media/arbeitsbereich_bildung_und_technik/gesammelteskripte/gip_2004_skript_kompl.pdf

/ Goos, 1991: 187[88]). Während die Pädagogik auf geistiger Tätigkeit basiert, ist die Informatik – dem Zitat von Bauer und Goos zufolge – bestrebt, bestimmte geistige Tätigkeiten durch Computertechnik ersetzen zu lassen. Das Problem diesbezüglich besteht darin, inwieweit eine technische Software, die zu pädagogischen Zwecken eingesetzt werden soll, geistige Tätigkeiten ersetzen oder ergänzen kann und soll.

Dieser Sachverhalt lässt sich in Ansätzen auch auf die Technisierung journalistischer Arbeitsformen übertragen, da der Journalismus ebenfalls Verbindungen mit der Informatik eingehen muss, damit die Verwendung der „neuen Medien" im Hinblick auf Online-Nachrichtenplattformen und die Verquickung von Text-, Audio- und Videoelementen gewährleistet ist. Der Journalismus hat diesbezüglich in den vergangenen Jahren seine Pforten geöffnet, sodass die typischen journalistischen Darstellungsformen in Bewegung geraten und im Begriff sind, sich an die neue mediale Umgebung anzupassen, indem sie die Möglichkeiten ausschöpfen, die das Internet ihnen bietet (Vgl. Simons, 2011: 178-179). Die grundlegenden journalistischen Strukturen bleiben zwar erhalten, allerdings ist die intensive Nutzung der Kommunikations- und Informationstechnologien mit der Erwerbung neuer – letztlich aus der Informatik stammender – Kompetenzen verbunden. Um den Stellenwert der Informatik für den Journalismus zu verdeutlichen, lässt sich der Masterstudiengang „Informatik für Journalisten" anführen, den die Technische Universität Chemnitz mit dem Wintersemester 2008 / 2009 eingeführt hat (Vgl. uni-protokolle.de, 2008[89]). Dieser erweiterte Studiengang wurde eingeführt, um Bachelorabsolventen geisteswissenschaftlicher Fächer fundierte Kenntnisse im Bereich des IT-basierten Journalismus zu vermitteln (Vgl. Technische Universität Chemnitz, o.J.[90]). Absolventen dieses Studiengangs bieten sich neue journalistische Einsatzmöglichkeiten als IT-Fachjournalist, Webredakteur oder Moderator von Technologie-Events (Vgl. ebd.).

Die Bedeutung der Informatik für pädagogische und journalistische Prozesse wird also immer größer. Bei der Integration informatischer Systeme gilt allerdings zu beachten, dass erst der menschliche Anwender die medialen Hilfsformen mit Leben füllen kann. Um mit den Worten von Prof. Dr. Werner Sesink von der Technischen Universität Darmstadt zu sprechen: „Lebendige Individualität kann nur durch ein lebendiges Indi-

---

[88] Zitiert in Schelhowe in Fromme / Sesink, 2008: S. 97
[89] Im Internet abgerufen am 27.03.2012 unter http://www.uni-protokolle.de/nachrichten/id/158282/
[90] Im Internet abgerufen am 27.03.2012 unter http://www.tu-chemnitz.de/studium/studiengaenge/flyer/informatik_fuer_journalisten_master.pdf

viduum wahrgenommen und anerkannt werden und damit zur sozialen Wirklichkeit gelangen" (Sesink, 2004: 118).

6.4 Bildungsjournalismus

In Deutschland wird bereits seit mehreren Jahren eine, zum Teil sehr hitzige, Bildungsdebatte geführt. Inhaltlich drehen sich die häufig öffentlich stattfindenden Diskussionen vor allem um die Strukturierung des Bildungssystems, mögliche Reformen und die Finanzierung von Bildungsangeboten. TV-Talkshows greifen das Thema auf und stellen Expertenrunden zusammen, in denen über die aktuellen Bildungsthemen diskutiert wird; andere Fernsehformate bedienen sich an Klischees über bildungsferne Schichten und liefern ihren Beitrag zur Bildungsdebatte. Der Themenkomplex Bildung ist also längst Teil einer öffentlichen Debatte geworden, deren Herstellung wesentliche Aufgabe des Journalismus ist. Der Begriff Bildungsjournalismus wird an dieser Stelle verstanden als „Berichterstattung über gesellschaftlich relevante Bildungsthemen" (Wiesner / Peherstorfer in Abteilung Journalistik des Fachbereichs Kommunikationswissenschaft der Universität Salzburg, 2006: 32). Indem sich der Journalismus aktuellen Ereignissen, die mit dem Thema Bildung zusammenhängen, widmet, kommt er seiner Funktion nach, Informationen aktuell zu vermitteln, die für die öffentliche Kommunikation von Bedeutung sind (Vgl. Blöbaum in Löffelholz, 2004: 205). Bildungsjournalismus verfolgt in erster Linie keinen eigenen Bildungsanspruch, sondern lässt sich eher als Bestrebung ansehen, Bildung als journalistisches Ressort neben den zentralen gesellschaftlichen Teilbereichen Politik, Wirtschaft, Kultur und Sport zu etablieren. Als Beispiel bildungsjournalistischer Arbeit lässt sich die Berichterstattung über Lehrer anführen, die Bestandteil der journalistischen Arbeit des *Forum-Schule*-Magazins ist. In diesem Zusammenhang geht es um die Probleme von Lehrern, sowohl beruflicher als auch menschlicher Natur (Vgl. Braun, 2012: Interview. Siehe Anhang, S. 115-116). Der Unterschied zu anderen journalistischen Sparten besteht darin, dass im Bildungsjournalismus eine Ablösung vom Tagesgeschäft erfolgen muss, da bildungsrelevante Themen selten nur einen aktuellen Tagesbezug haben, sondern Daten und Fakten beinhalten, deren Aktualität mittel- und längerfristig für die Gesellschaft von Bedeutung sind (Vgl. Wiesner / Peherstorfer in Abteilung Journalistik des Fachbereichs Kommunikationswissenschaft der Universität Salzburg, 2006: 33).

Der Bildungsjournalismus stellt das journalistische Ressort dar, dessen thematischer Bezug zur Pädagogik offensichtlich ist. Indem Journalisten über Bildung berichten, agieren sie im praktischen Handlungsfeld der Pädagogen. Die Frage, ob der Journalismus als Bildungsinstanz fungieren könne, wie 2006 auf dem Kongress des Deutschen Fachjournalisten-Verbandes diskutiert[91], verneint Dr. Martin Bernhofer, der dem Journalismus in diesem Zusammenhang die Aufgaben zuschreibt, Bildungsprozesse zu initiieren, zu vermitteln und kritisch zu begleiten (Vgl. Dr. Bernhofer, 2012: Interview. Siehe Anhang, S. 125). Auch Wiesner und Peherstorfer verstehen den Bildungsjournalismus nicht im Sinne eines bildenden Journalismus, der eine Bildungs- und Erziehungsfunktion inne hat, sondern als Dienst-, Orientierungs- und Integrationsleistung mit der Funktion eines Überwachungs-, Prüf- und Kontrollorgans, das zur Stabilisierung der Gesellschaft beitragen kann (Vgl. Wiesner / Peherstorfer in Abteilung Journalistik des Fachbereichs Kommunikationswissenschaft der Universität Salzburg, 2006: 33). Dennoch bescheinigt Dr. Bernhofer dem Bildungsjournalismus eine pädagogische Funktion, die darin bestehe, aufzuzeigen, „welche Irrtümer, Missverständnisse und Umwege es auf dem Weg zu neuem Wissen gibt" (Dr. Bernhofer, 2012: Interview. Siehe Anhang, S. 126). Um diese Funktion zu erfüllen, ist der Bildungsjournalismus darauf angewiesen, Hintergrundinformationen zu liefern, sodass die journalistische Darstellungsweise von Nachricht und Meldung allein nicht angebracht erscheint.

Zusammenfassend lässt sich formulieren, dass auch der Bildungsjournalismus zunächst einmal keinen unmittelbaren Bildungsanspruch verfolgt, sondern vorrangig auf die Berichterstattung über das Ressort Bildung konzentriert ist. Dabei liefert er Informationen zu aktuellen bildungspolitischen Diskussionen und begleitet Bildungsprozesse kritisch. Um mit den Worten von Dr. Martin Bernhofer zu sprechen: „Guter Bildungsjournalismus stellt Wissen nicht als fertiges Produkt und leicht konsumierbare Ware dar, sondern ermutigt dazu, die eigenen Fähigkeiten und Kompetenzen auf dem »Bildungs-Weg« zu nutzen und neue Sichtweisen zu entwickeln" (Dr. Bernhofer, 2012: Interview. Siehe Anhang, S. 126).

---

[91] Auf dem deutschen Fachjournalisten-Kongress 2006 wurde folgendes Thema diskutiert: „Journalismus als Bildungsinstanz – Bildung als Berichterstattungsfeld?"; abgerufen im Internet am 02.05.2012 unter http://www.fachjournalistenkongress.de/fileadmin/documents/protocols06/Protokoll_Bildungsjournalismus_01.pdf

7 Drei-Phasen-Modell der Bildung

Zum Abschluss dieses Buches wird im folgenden Kapitel der Versuch unternommen, die Parallelen zwischen den beiden Systemen Pädagogik und Journalismus im Hinblick auf den gemeinsamen Schnittpunkt Bildung auf ein zukunftsorientiertes Bildungsmodell zu übertragen. Die Kernthese des Drei-Phasen-Modells besteht darin, dass anhand der gegenwärtigen Entwicklungen in der Pädagogik und im Journalismus auf strukturelle Veränderungen im Bildungswesen geschlossen werden kann, sodass die beiden Disziplinen im Sinne von Daniel Bell als Axialstrukturen des Modells fungieren. Aufgrund der steigenden Nutzung moderner Kommunikations- und Informationstechnologien in sowohl pädagogischen als auch journalistischen Bildungsprozessen, welche auf den technischen Fortschritt zurückzuführen sind, der wiederum auf dem Bedeutungszuwachs des Wissens basiert, wird das Wissen als axiales Prinzip der beiden Schlüsselsysteme Pädagogik und Journalismus im Modell berücksichtigt.

7.1 Digitalisierung der Allgemeinbildung (Phase I)

Die Auseinandersetzung mit der Entwicklung der Pädagogik und des Journalismus in der Wissensgesellschaft hat gezeigt, welchen enormen Einfluss die neuen Medien sowohl auf gesellschaftliche Systeme wie die Pädagogik und den Journalismus als auch auf die Bildung ausüben. Der Pädagoge sieht sich mit einer steigenden Medienaffinität immer jüngerer Zöglinge konfrontiert, während der Journalist aufgrund der enormen Daten- und Quellenmenge einer verschärften Konkurrenzsituation ausgesetzt ist. Medien sind generell eng mit der Bildung verbunden, denn „sie machen Bildungseindrücke bewußt, anschaulich, einsichtig, verstehbar. Sie realisieren, illustrieren, verstärken, verdichten sie" (Maaser / Walther, 2011: 143). Da Bildung ohne Medien nicht funktioniert, verändern die digitalen Medien zwangsläufig die Gestalt der Bildung[92]. Die neuen Medien beeinflussen längst nicht nur gesellschaftliche Systeme und die Bildung, sie prägen unsere Kultur, indem sie Wirklichkeit konstruieren und jene nach medienimmanenten Regeln wie Personifizierung, Katastrophenorientierung, Emotionalisierung und

---

[92] Der Bildungsbegriff wird an dieser Stelle auf das Synonym für Allgemeinwissen reduziert und folgt damit der klassischen humanistischen Bildungsvorstellung, wonach eine umfassende Menschenbildung vor allem in weitreichenden Kenntnissen über antike Sprache, Literatur, Mythologie, Kunst und Geschichte besteht (Vgl. Maaser / Walther, 2011: 52).

Visualisierung aufbereiten (Vgl. Neuß, 2003: 11). Das Internet dient als größtes Massenspeicherungsmedium der Welt dazu, diese Abbildungen von Realität sowie eine schier unendlich große Menge weiterer Informationen und Daten zugänglich zu machen. Die nicht definierbare Menge an Informations- und Wissensbeständen und der daraus resultierende Verlust des Überblicks darüber, was gelehrt und was ignoriert werden soll, sorgt dafür, dass der Erwerb von Allgemeinwissen und der Aufbau von Kompetenz als Bildung nicht mehr in den festgelegten Lehrplänen und Bildungsgängen der Institutionen vermittelt werden können (Vgl. Nieke in Gross / Marotzki / Sander, 2008: 148). Nicht nur die zunehmende Menge an Daten und Informationen erschweren die Aneignung eines allgemeinen Wissens, sondern auch deren Schnelllebigkeit und zum Teil geringe Haltbarkeit. Das Internet bietet die Möglichkeit, beliebig viele Datensätze bereitzustellen und ständig zu aktualisieren, sodass die Inhalte der Allgemeinbildung fortlaufend erweitert und verändert werden. Die neuen Kommunikations- und Informationstechnologien bieten zwar mehr Durchlässigkeit, Freiheit der Lebens- und Bildungsmöglichkeiten und Weltorientierungen (Vgl. Nieke in Gross / Marotzki / Sander, 2008: 149), erfordern allerdings auch neue Kompetenzen wie Medien- und Selbstbildungskompetenz, die es dem aktiven Nutzer erlauben, mit dem im Internet befindlichen kulturellen Material umzugehen und es zur Identitätsbildung, Kommunikation und Selbstdarstellung zu benutzen (Vgl. Neuß, 1999 in Neuß, 2003: 13). Angesichts der großen Menge an Wissen, Daten und Informationen, die es mittlerweile unmöglich macht, das gesamte verfügbare Wissen in gedruckten Enzyklopädien zusammenzufassen, lösen sich die Gewissheiten über das Allgemeinwissen auf (Vgl. Nieke in Gross / Marotzki / Sander, 2008: 148).

Die Digitalisierung des Allgemeinwissens ist damit letztlich als ein Verselbständigungsprozess der allgemeinen Bildung zu verstehen, der sich mit Hilfe des Internets vollzieht. Im Kontext dieses Modells lässt sich dieser Prozess parallel zu den Entgrenzungen in den Systemen Pädagogik und Journalismus betrachten, denn Bestandteile des aus diesen Disziplinen stammenden Fachwissens verlassen ihre institutionellen Bahnen und werden zu öffentlich verfügbaren Gütern. Dieser Vorgang lässt sich auch auf die Bildung übertragen, die sich als „eigenverantwortlicher, selbsttätiger Aufbau von Wissen als Basis für Orientierungs- und Handlungskompetenz" (Nieke in Gross / Marotzki / Sander, 2008: 148) aus den institutionellen Verankerungen löst, und zu einem größtenteils kostenlos verfügbaren Gut mutiert, dessen Aneignung Kompetenzen im Umgang mit den modernen Kommunikations- und Informationstechnologien voraussetzt. Zentral wird die Medienkompetenz als Fähigkeit, die zum einen das Wissen über die Medien und deren Nutzung beinhaltet, und zum anderen „das Vermögen, sie kritisch-reflexiv für sich selbst und sozial verantwortet einschätzen zu können" (Hugger in Neuß, 2003: 42).

In der Wissensgesellschaft findet eine Verlagerung des allgemeinen Wissens in digitale Archive statt, deren zielgerechte Handhabung Kompetenzen und Fähigkeiten erfordern, die in den Kanon der Allgemeinbildung aufgenommen werden müssen. Eine solche Kompetenz stellt die Recherchefähigkeit dar, die in diesem Buch als arbeitstechnischer Berührungspunkt zwischen Pädagogik und Journalismus angeführt wurde. Sie wird in den Worten des Medienwissenschaftlers Michael Haller beschrieben als „ein Verfahren zur Beschaffung und Beurteilung von Aussagen über reales Geschehen, die ohne dieses Verfahren nicht preisgegeben, also nicht publik würden. Im weiteren Sinne ist es ein Verfahren zur Rekonstruktion erfahrbarer, d.h. sinnlich wahrgenommener Wirklichkeit mit den Mitteln der Sprache" (Haller, 2000: 246). Die Recherchefähigkeit ist ein wesentlicher Bestandteil der Informationskompetenz, die als Schlüsselqualifikation der modernen Informationsgesellschaft und als entscheidender Faktor für Erfolg in Studium, Forschung und Beruf angesehen wird (Vgl. www.informationskompetenz.de, o.J.[93]). Schlüsselqualifikationen wiederum bezeichnen nach Dieter Mertens die „*Informiertheit über Informationen*" (Mertens in „Mitteilungen aus der Arbeitsmarkt- und Berufsforschung, 1974: 41) und umfassen die Dimensionen vom Wissen über das Wesen von Informationen, die Gewinnung von Informationen, das Verstehen von Informationen und das Verarbeiten von Informationen (Vgl. ebd.). Die Übernahme dieser Schlüsselqualifikationen in den Allgemeinbildungskanon empfahl Mertens bereits in den 1970er-Jahren (Vgl. ebd.: 42). Über eine allgemeine Bildung zu verfügen, bedeutet demnach nicht mehr nur noch ein breit gefächertes Wissen zu besitzen, sondern auch zu wissen, wo sich dieses Wissen befindet und wie man sich Zugang zu jenem verschafft. Um mit den Worten des englischen Gelehrten Samuel Johnson zu sprechen: „Knowledge is of two kinds. We know a subject ourselves, or we know where we can find information upon it" (Johnson, 1775: 258 in Boswell, 2005: 142).

Die Menge des Wissens erreicht einen Umfang, der in Form von gedruckten Büchern nicht mehr darstellbar erscheint. Gleichzeitig erfährt das Wissen in der Wissensgesell-

---

[93] Das zentrale Portal www.informationskompetenz.de ist ein Gemeinschaftsprojekt bibliothekarischer Arbeitsgemeinschaften in mehreren Bundesländern und unterstützt die Ausbildungs- und Unterstützungsleistungen, die deutsche Bibliotheken täglich im Bereich Informationskompetenz erbringen (Quelle: www.informationskompetenz.de; abgerufen im Internet am 12.04.2012)

schaft eine erhebliche Bedeutungssteigerung, die nicht zuletzt darin begründet liegt, dass der technische Fortschritt als Motor der Gesellschaft von ihm abhängig ist. Fachwissen und allgemeines Wissen entgrenzen sich und sorgen überall dort, wo dies geschieht, für strukturelle Veränderungen. Das ist auch im Bereich der Bildung im Hinblick auf das allgemeine Wissen der Fall. Die Wissensbestände der Menschheit erreichen einen Umfang, der zwangsläufig dazu führt, dass sich das allgemeine Wissen in ein neues Medium verschiebt, das in der Lage ist, die nötigen Speicherkapazitäten aufzubringen. Die Fähigkeiten, sich selbständig Informationen und Quellen zu beschaffen, und sie zu beurteilen sowie sich differenziert mit einem Sachverhalt auseinanderzusetzen, werden aufgrund der Digitalisierung der Allgemeinbildung und der daraus resultierenden Verlagerung der Allgemeinbildung in die Verantwortung des Einzelnen zu zentralen Kompetenzen. Wissen wird zu einem autopoietischen System, das im Begriff ist, sich jeglicher institutioneller Kontrolle und Einschränkungen zu entziehen. Die Recherchefähigkeit als arbeitstechnische Allianz zwischen Pädagogik und Journalismus liefert diesbezüglich als Bestandteil der Medienkompetenz eine Orientierungshilfe, die den Umgang mit den digitalen Wissensarchiven und -quellen ermöglicht.

Welche Konsequenzen die Digitalisierung der Allgemeinbildung und deren Auswirkungen auf die Kultur der modernen Gesellschaft hat, und welche Rolle Allianzen zwischen Pädagogik und Journalismus im Hinblick auf Orientierungshilfen in der Wissensgesellschaft spielen, wird in Phase II des Bildungsmodells behandelt. Im folgenden Abschnitt wird auch der Frage nachgegangen, ob die folgende These von Friedrich Nietzsche, die angesichts von Digitalisierung, Schnelllebigkeit und geringer Haltbarkeit von Bildung passend erscheint, einen wahren Kern beinhaltet. Nietzsches Befürchtung, die er im 19. Jahrhundert formulierte, lautete wie folgt: „Die Bildung wird täglich geringer, weil die Hast größer wird" (Nietzsche in Knischek, 2009: 204).

7.2 Neue Bildungskultur (Phase II)

Wie die Auseinandersetzung mit dem Teilbereich der Kultur in der Wissensgesellschaft (Vgl. Kapitel 2.5) und der neuen Lernkultur (Vgl. Kapitel 3.1.3) gezeigt hat, entwickeln sich als Reaktion auf gesellschaftliche Wandlungsprozesse neue kulturelle Strömungen. Obwohl Daniel Bell konstatierte, dass die Trennung von Gesellschaftsstruktur (Wirtschaft, Technologie und Berufssystem) und Kultur immer spürbarer werde (Vgl. Bell,

1976: 362-363), ist es kaum zu leugnen, dass der Siegeszug der „neuen Medien", allen voran des Internets, neue Kulturausformungen hervorbringt, die sich unter anderem in veränderten Kommunikations- und Bildungsprozessen niederschlagen. Die neuen Informationstechnologien können daher als Brücke zwischen der Sozialstruktur und der Kultur begriffen werden, da sie in alle gesellschaftlichen Bereiche vordringen und enorme Veränderungsprozesse in Gang setzen. Die Digitalisierung der Allgemeinbildung kann als erster Schritt hin zu einer Bildungskultur begriffen werden, die vor allem dadurch gekennzeichnet ist, dass das digitale Medium selbst als Bildungschance betrachtet wird, „in dem sich wesentliche Momente der Gegenwartsgesellschaft eingeschrieben haben und studieren lassen" (Fromme / Sesink, 2008: 96). Setzt sich der gegenwärtige Trend von der ansteigenden Internetnutzung auf dem gesamten Globus fort, ist davon auszugehen, dass auch wesentliche Momente der Zukunftsgesellschaft im Word Wide Web eingetragen werden. Vielmehr steht die Vermutung, dass angesichts der neuen Kommunikationskulturen wie Facebook und Twitter künftig nicht nur wesentliche Momente, sondern sämtliche Bereiche des gesellschaftlichen Lebens, inklusive Bildung, zwar bei weitem nicht ausschließlich, aber zu einem hohen Maße digital stattfinden. Mit der entsprechenden Kompetenz lassen sich bereits heutzutage viele alltägliche Dinge wie Einkaufen, Bankgeschäfte oder Behördengänge bequem von zu Hause aus durch ein paar Mausklicks erledigen. Auch in Bezug auf Bildungsprozesse bietet das Internet die Möglichkeit, herkömmliche Bildungsabläufe durch digital aufbereitete Angebote zu ergänzen. Das E-Learning als Sammelbegriff für sämtliche Formen elektronisch gestützter Lernprozesse wird bereits an vielen Universitäten genutzt; häufig in Form von Lernplattformen, auf denen die Dozenten Unterrichtsmaterialien und Texte bereitstellen können. Der große Vorteil des E-Learnings besteht darin, dass die elektronischen Inhalte ständig erweitert und verändert werden können, ohne dass das System ausgetauscht werden muss (Vgl. Schüßler, 2004: 13). Eine weitere Form des elektronischen Lernens stellen digitale Vorlesungen dar, die es als DVD kostenpflichtig zu erwerben gibt oder kostenlos auf den E-Learning-Lernplattformen der Hochschulen zur Verfügung stehen (Vgl. Frankfurter Allgemeine Zeitung, 2011[94]). Für die Studierenden ergibt sich aus den digitalisierten Vorlesungen die Möglichkeit, verpasste Vorlesungen per Mausklick im Netz nachzuholen; werden die Vorlesungen sogar per Livestream im Internet übertragen, können sich Studierende, die keinen Platz im Hörsaal ergattern

---

[94] Abgerufen im Internet am 10.05.2012 unter http://www.faz.net/aktuell/rhein-main/region/digitale-vorlesungen-mein-prof-fuer-daheim-1607234.html

konnten, auf dem Campusgelände zusammenfinden und die Vorlesung in Echtzeitübertragung auf dem Bildschirm verfolgen (Vgl. *Welt Online*, 2001[95]). Daraus erwächst eine neue Bildungskultur, die Bildungsprozesse auch dann ermöglicht, wenn kein direkter face-to-face Kontakt zwischen Lehrenden und Lernenden besteht. Während die Digitalisierung der Allgemeinbildung bereits bedeutet, dass Bildung immer stärker individualisiert und deinstitutionalisiert wird, mündet dieser Trend in eine neue (digitale) Bildungskultur, die vor allem dadurch gekennzeichnet ist, dass die neuen Medien nicht bloß ein Mittel zur Übertragung von Informationen darstellen, sondern den Inhalt dieser Informationen selbst prägen (Vgl. Osrecki, 2011: S. 167); gemäß den Worten des kanadischen Philosophen Marshall McLuhan: „The medium is the message" (McLuhan, 1964: 7, zitiert in Osrecki, 2011: S. 167).

Damit sich Lernende in der neuen Bildungskultur zurechtfinden können, werden neben der Recherchefähigkeit weitere Kompetenzen notwendig. An dieser Stelle können mit der Moderation und der Vermittlung die beiden anderen in diesem Buch erläuterten arbeitstechnischen Allianzen (Online-) Recherche und Moderation zu Rate gezogen und auf die künftige Bildungskultur übertragen werden. Jene gehören nämlich zu den zentralen Kompetenzen, auf die Pädagogen und Journalisten künftig besonders angewiesen sind. Wie das Beispiel von der Moderation der Nutzerkommentare auf einer Online-Nachrichtenplattform zeigt, werden neue Formen der Moderation nicht nur für Journalisten von Bedeutung sein. Die Vermittlungsformen, sei es das helfende und beratende Gespräch in der Pädagogik oder der verantwortungsbewusst recherchierte Artikel im Journalismus, verweisen auf die traditionellen Aufgaben beider Disziplinen, die in diesem Modell keineswegs einer grundlegenden Veränderung oder gar einer Abschaffung bedürfen. Vielmehr ist eine neue Bildungskultur dadurch gekennzeichnet, dass gute Pädagogen und Journalisten weiterhin gefragt sind und eventuell sogar stärker als je zuvor, da die Komplexität der Welt mit der ansteigenden Menge an Daten und Informationen stetig zunimmt (Vgl. Fileccia, 2012: Interview. Siehe Anhang, S. 120). Moderation und Vermittlung, welche eine wesentliche Rolle in den beiden Disziplinen spielen, sind folglich als Hinweis darauf zu verstehen, dass trotz Individualisierung, Verselbständigung und Deinstitutionalisierung Bildungsprozesse auch künftig nicht ohne die Orientierung stiftenden Leistungen von „Erklärern" wie Pädagogen und Journalisten auskommen (Vgl. ebd.). Die zukünftige Bildungskultur ist durch das Paradoxum ge-

---

[95] Abgerufen im Internet am 11.05.2012 unter http://www.welt.de/print-welt/article464806/Die-digitale-Vorlesung-live-aus-dem-Bremer-Hoersaal.html

kennzeichnet, dass die Mitglieder moderner Wissensgesellschaften vor allem im Hinblick auf die Gestaltung der Bildungsprozesse eine nie zuvor da gewesene Freiheit besitzen, die allerdings zwangsläufig dazu führt, dass die Menschen verstärkt Anleitungen benötigen, um sich in dieser grenzenlosen Freiheit zurechtzufinden. Bei all ihrer Komplexität und verschiedenen Deutungsmustern vereinigt die Wissensgesellschaft alle Menschen in einem Punkt: Sie alle suchen nach Orientierung.

Um mit den Worten des berühmten Pädagogen Jean-Jacques Rousseau zu sprechen: „Die Freiheit des Menschen liegt nicht darin, dass er tun kann, was er will, sondern, dass er nicht tun muss, was er nicht will" (Rousseau in Kugel: 3)

7.3 Erweiterung des Bildungsbegriffs (Phase III)

Albert Einstein hat einmal gesagt: „Mehr als die Vergangenheit interessiert mich die Zukunft, denn in ihr gedenke ich zu leben" (Einstein in von Traufenstein, 2012: o.S.). Während die erste und vor allem die zweite Phase dieses Bildungsmodells zwar bereits spekulative Ansätze beinhalten, sich dennoch unmittelbar auf nachweisbare Entwicklungen in der Wissensgesellschaft beziehen, ist die letzte Phase des Modells hingegen im Sinne des oben zitierten Gedankens von Albert Einstein vor allem eines: „ein Wagnis in die Zukunft" (Bell, 1976: 9).

Ausgehend von den Thesen der Digitalisierung der Allgemeinbildung und einer sich daraus ableitenden neuen Bildungskultur, wird an dieser Stelle die Hypothese aufgestellt, dass in der Zukunft aufgrund der elementaren Veränderungen, die die vermehrte Einbindung medialer Programme und Hilfsmittel in die täglichen formellen und nicht-formalen Bildungsprozesse zur Folge haben, eine Erweiterung des Bildungsbegriffs notwendig wird. Ausgangspunkt dieser Argumentation ist die Medienkompetenz, die zum Bestandteil des Axialprinzips Wissen wird, und somit die primäre Logik der Schlüsselsysteme Pädagogik und Journalismus wesentlich beeinflusst. Die Medienkompetenz wird zur Voraussetzung für die Partizipation an Bildungsprozessen und verändert damit den Kern der Bildungsvermittlung, da sie die eigenständige Suche nach Informationen und die selbst verantwortliche Gestaltung von Bildungsprozessen mit einschließt. Als Indiz für diese Prognose lässt sich die neue Lernkultur heranziehen, die die entsprechenden Attribute wie Selbstorganisation und Eigenverantwortlichkeit einfordert. Diese Attribute sind Ausdruck der neu gewonnenen Freiheit bezüglich der

Gestaltung von Lern- und Bildungsprozessen, die eng an ein variables Bildungssystem gekoppelt ist, das diese individualisierten Lern- und Bildungsmöglichkeiten nicht durch verkrustete Strukturen blockieren darf. In diesem Zusammenhang erscheint es eine enorme Herausforderung, dass eine neue, auf Individualität und Dezentralität basierende Lernkultur beispielsweise in der Schule eingeführt werden soll, die hierarchisch wie kein anderes System ist, und deren Lehrer stark reglementiert werden von den Vorgaben der Ministerien (Vgl. Braun, 2012: Interview. Siehe Anhang, S. 112). Das Plädoyer für die Erweiterung des Bildungsbegriffs bezieht sich vor allem auf den Bereich der schulischen Allgemeinbildung. Die für den Kanon der Allgemeinbildung bedeutsamen arbeitstechnischen Allianzen zwischen Pädagogik und Journalismus (Vermittlung, [Online-] Recherche und Moderation) verdeutlichen, dass der wechselseitige, interdisziplinäre Austausch von Kompetenzen bei der Bewältigung neuer gesellschaftlicher Anforderungen nützlich sein kann. Interdisziplinäre Allianzen im Bildungswesen bergen erhebliche Vorteile, die die Handlungsfähigkeit des Einzelnen in einer globalisierten, von Entgrenzungsphänomenen gekennzeichneten Wissensgesellschaft verbessern können, sodass die Wahrscheinlichkeit, dass die Suche nach Orientierung positiv verläuft, erhöht werden kann.

Die Notwendigkeit, den Bildungsbegriff zu erweitern, ist offensichtlich, denn dieser muss nun auch die immer ausgiebigere Nutzung der „neuen Medien" als Hilfsmittel in Lern- und Bildungsprozessen einschließen und reflektieren, dass Medienkompetenz nicht bloß ein inhaltsleeres Modewort, sondern eine elementare Fähigkeit darstellt, die angesichts der Hypothese von der Digitalisierung der Allgemeinbildung zur erfolgreichen Suche nach Informationen, allgemeinen Wissensbeständen und deren selbständigen Einordnung und Bewertung befähigt. Die Erweiterung des Bildungsbegriffs zielt diesbezüglich darauf ab, Medienkompetenz als Schulfach in den Bildungskanon einzuführen und in diesem Kontext Arbeitstechniken wie Recherche, Moderation und Vermittlung, aber auch grundlegende Fähigkeiten wie Reflexionsvermögen, Selbstkritik und Flexibilität zu behandeln.

Die schnelllebige, auf Wissen basierende Gesellschaft sichert sich ihre Zukunftsfähigkeit durch immer neue Innovationen und Ideen. Es ist nun einmal nichts so mächtig, wie eine Idee, deren Zeit gekommen ist, wie der französische Schriftsteller Victor Hugo im 19. Jahrhundert feststellte (Vgl. Hugo, o.J.[96]). Dieser Bezug auf die Zukunft als charak-

---

[96] Zitiert im Internet; abgerufen am 15.05.2012 unter http://www.zitate-online.de/literaturzitate/allgemein/16217/nichts-ist-maechtiger-als-eine-idee-deren.html

teristisches Merkmal der Moderne sollte auch für den Bildungsbegriff hergestellt werden, sodass dessen Erweiterung unumgänglich wird, und dem gesellschaftlichen und somit dem bildungspolitischen Umbruch in der Wissensgesellschaft gebührend Rechnung getragen wird. Um mit den Worten des deutschen Publizisten Manfred Grau zu sprechen: „Wer neue Wege gehen will, muss alte Pfade verlassen" (Grau, o.J.[97]).

---

[97] Zitiert im Internet; abgerufen am 12.05.2012 unter http://zitate.woxikon.de/veraenderung/1331

8 Fazit

Wie in diesem Buch ausführlich dargelegt wurde, können Pädagogik und Journalismus durchaus als „artverwandte" Disziplinen angesehen werden, da jene vor allem im Hinblick auf den gesellschaftlichen Auftrag und die Arbeitstechniken nachweislich Parallelen aufweisen. Die Analyse der Teilbereiche der Wissensgesellschaft und im Speziellen der sozialen Systeme Pädagogik und Journalismus ergab, dass sich beide Disziplinen mit ähnlichen, gesellschaftlich bedingten Entwicklungen wie dem Entgrenzungs-Phänomen auseinandersetzen müssen. Die Verbindungen zwischen Pädagogik und Journalismus lassen sich allerdings nicht auf gemeinsame Herausforderungen, die die Wissensgesellschaft ihren Systemen stellt, beschränken, sondern sind wesentlich tiefgreifender. Diese Annahme zeichnete sich bereits im Zuge der Erläuterungen über die grundlegenden Berührungspunkte Gesellschaftlicher Auftrag, Kommunikation und Didaktik deutlich ab und verstärkte sich, als im weiteren Verlauf dieses Buches das Augenmerk auf die arbeitstechnischen Berührungspunkte Vermittlung, (Online-) Recherche und Moderation gerichtet wurde. Die im Anschluss daran erfolgte Auseinandersetzung mit den thematischen Berührungspunkten Medienpädagogik, Nutzwertjournalismus, Informationspädagogik und Bildungsjournalismus lässt den Schluss zu, dass Pädagogik und Journalismus in der Praxis auf verschiedene Art und Weise miteinander kooperieren und – gemäß der Leitthese (Vgl. S. 12) – von Allianzen zwischen beiden Disziplinen gesprochen werden kann, deren Zweckmäßigkeit vor allem darin besteht, Orientierungsleistungen für die Mitglieder der Wissensgesellschaft zu erbringen.

Obwohl sich die Leitthese in ihren Kernelementen verifizieren lässt, erfordern die im Laufe dieses Buches ermittelten Zusammenhänge und Tatbestände eine Modifikation der ursprünglichen Formulierung. Dieser Schritt wird notwendig, da zu Forschungsbeginn angenommen wurde, dass die Allianzen zwischen Pädagogen und Journalisten vor allem menschlicher Natur sein würden und beide Berufsgruppen in der Zukunft darauf angewiesen seien, miteinander zu kooperieren, um die Qualität ihrer Systeme zu sichern. Allerdings stellte sich im Laufe des Forschungsprozesses heraus, dass die beiden Systeme bezüglich ihrer jeweiligen Daseinsberechtigung keinesfalls bedroht sind, sodass es keiner tiefgreifenden strukturellen Änderungen bedarf, um die Existenz von Pädagogik und Journalismus zu sichern. Vielmehr werden gut ausgebildete Pädagogen und Journalisten in einer schnelllebigen, auf Informationen und Wissensbeständen basierenden Gesellschaft trotz der strukturellen Veränderungen ihrer Systeme eine wichtige Funktion einnehmen, da sie weiterhin Orientierung im Hinblick auf Bildungsprozesse bieten können. Diesbezüglich erscheint es paradox, dass die Orientierungsleistungen von Experten wie Pädagogen und Journalisten in der Wissensgesellschaft vielleicht stärker denn je gefragt sind, obwohl sich ihre Referenzsysteme aus dem ursprünglichen Kontext entgrenzen, und der Verlust ihrer jeweiligen Monopolstellung im Hinblick auf Fachwissen und fachbezogene Instrumente droht. Es ist zwar unbestritten, dass der Pädagoge künftig auch als Berater in Bildungsprozessen agieren kann, und der Journalist als „Gatewatcher"[98] in Erscheinung tritt, allerdings ist anzunehmen, dass diese Entwicklung weder bedeutet, dass der Pädagoge seine Funktion als aktiver Vermittler von Bildungsinhalten aufgibt und durch die Beratertätigkeit ersetzt, noch, dass der Journalist nur noch die Funktion eines eher passiven „Gatewatchers" und nicht mehr die eines „Gatekeepers" inne hat. Die Pädagogik und der Journalismus werden ihre traditionellen Eigenschaften und Handlungsaufträge voraussichtlich nicht ad acta legen, denn „weder die Verschulung des Journalismus, noch die totale, technikgestützte Medialisierung der Pädagogik (samt „Quotendruck")) sind eine wünschenswerte Perspektive" (Dr. Bernhofer, 2012: Interview. Siehe Anhang, S. 130).

Dies führt zu der Erkenntnis, dass die Leitthese, wie bereits oben angedeutet, in ihrer ursprünglichen Form nicht beibehalten werden kann. Es deutet nichts darauf hin, dass Pädagogen und Journalisten zwangsläufig ein symbiotisches Abhängigkeitsverhältnis eingehen müssen, *„um in der Zukunft Informationen und Wissen im Hinblick auf Bildungs- und Erziehungsprozesse qualitativ zu sichern"* (S. 12). Der zweite Teil der Leitthese kann ebenfalls nicht unverändert stehen gelassen werden, denn es ist nicht davon auszugehen, dass *nur* durch das Verknüpfen entgrenzter sozialer Systeme in einer auf Wissen basierenden Gesellschaft Orientierung geboten werden kann (Vgl. S. 12). Vielmehr lässt sich feststellen, dass es sinnvoll wäre, neue Brücken zwischen Pädagogik und Journalismus zu bauen, und zwar „in der medialen und pädagogischen Ausbildung, der Entwicklung von Medienkompetenz, der Schärfung journalistischer Bildungsziele und Vermittlungstechniken, der wechselseitigen Einbeziehung von Expertise, der Entwicklung neuer Lehr- und Vermittlungsangebote etc. Eine »Ko-

---

[98] Dieser Begriff beschreibt die Entwicklung, dass die Online-Redakteure im Sinne von „Internet-Bibliothekaren" auf die Hilfe ihrer Leser (Nutzer) „beim Finden und Auswerten verfügbarer Informationen" (Bruns, 2008: 7) setzen. Kurzum: Online-Redakteure „assistieren, statt zu führen" (ebd.)

Evolution«, die dann aber auch Bildungs- und Medienpolitik als gemeinsames gesellschaftliches Anliegen wahrnehmen und entsprechend neu gestalten müsste" (Dr. Bernhofer, 2012: Interview. Siehe Anhang, S. 130). Vor allem unter Berücksichtigung des Drei-Phasen-Modells der Bildung könnte eine solche „Ko-Evolution" wesentlich dazu beitragen, dass in Bildungsprozessen die Kompetenzen gefördert werden, die im Umgang mit einer digitalisierten Vermittlung von Allgemeinbildung benötigt werden. Desweiteren könnte diese „Ko-Evolution" als Inbegriff einer neuen Bildungskultur verstanden werden, die sich vor allem durch Interdisziplinarität und Flexibilität auszeichnet, sowie als Ausgangspunkt für die Erweiterung des Bildungsbegriffes im Hinblick auf den Erwerb von Medienkompetenz und Vermittlungstechniken dient.

Abschließend lässt sich zusammenfassen, dass die Leitthese zwar in ihren Kernaspekten verifiziert wurde, sich jedoch die folgende Modifikation der ursprünglichen These anbietet, um die Forschungsergebnisse dieser Untersuchung adäquat zu reflektieren und zu resümieren:

Allianzen zwischen Pädagogik und Journalismus in Form eines disziplinübergreifenden, auf dem wechselseitigen Austausch von Kenntnissen und Fähigkeiten basierenden Brückenschlags bieten in der Wissensgesellschaft in Hinblick auf die Digitalisierung der Allgemeinbildung und die Entwicklung einer neuen Bildungskultur notwendige Orientierungshilfen und leisten einen zentralen Beitrag zur individuellen Entwicklung von Medienkompetenz und dem Erwerb von Vermittlungskompetenzen und folglich zur Erweiterung des Bildungsbegriffs.

Literaturverzeichnis

- Abendroth, Carl (2001): Die „digitale Vorlesung" live aus dem Bremer Hörsaal. In: Welt Online vom 23.07.2001. Verfügbar unter: http://www.welt.de/print-welt/article464806/Die-digitale-Vorlesung-live-aus-dem-Bremer-Hoersaal.html. Abgerufen am 11.05.2012
- ARD.de (o.J.): 50 Jahre Fernsehen. Fernsehen sollte in erster Linie bilden anstatt zu unterhalten. Verfügbar unter: http://www.daserste.de/50jahre/feature.asp. Abgerufen am 22.04.2012
- Auhagen, Ann Elisabeth / Bierhoff, Hans-Werner (Hrsg.) (2003): Angewandte Sozialpsychologie. Das Praxishandbuch. 1. Auflage. Weinheim, Basel, S. 75-86
- Banscherus, Ulf u.a. (2009): Der Bologna-Prozess zwischen Anspruch und Wirklichkeit. Die europäischen Ziele und ihre Umsetzung in Deutschland. Eine Expertise im Auftrag der Max-Traeger-Stiftung. Verfügbar unter: http://www.gew.de/Binaries/Binary52190/090903_Bologna-Endfassung_final-WEB.pdf. Abgerufen am 21.03.2012
- Bayerischer Rundfunk (o.J.): Was ist das Telekolleg? Verfügbar unter: http://www.br.de/telekolleg/index.html. Abgerufen am 22.04.2012
- Bechmann, Arnim (2003): Die Wissensgesellschaft und die Neuen Unkonventionellen – gesellschaftlicher Wandel durch Kulturkraft. Ein Feature aus der Phase des Übergangs in die Wissensgesellschaft. Verfügbar unter: http://www.kulturkreativ.net/media/art/art_3fcde821827c4/Arnim%20Bechmann.pdf. Abgerufen am 19.03.2012
- Behmer, Markus / Blöbaum, Bernd / Scholl, Armin / Stöber, Rudolf (Hrsg.) (2005): Journalismus und Wandel. Analysedimensionen, Konzepte, Fallstudien. 1. Auflage. Wiesbaden
- Bell, Daniel (1976): Die nachindustrielle Gesellschaft. Frankfurt / New York
- Bernhofer, Martin (2003): Journalismus und Pädagogik: Neue Allianzen? Frankfurt am Main. In: Medien-Impulse (2003): Beiträge zur Medienpädagogik. Hrsg.: Bundesministerium für Unterricht, Kunst und Kultur. Frankfurt, S. 23-25
- Bittlingmayer, Uwe H. / Bauer, Ulrich (Hrsg.) (2006): Die „Wissensgesellschaft". Mythos, Ideologie oder Realität. Wiesbaden
- Blaise, Pascal (2007): Gedanken: Meisterwerke der Philosophie. Köln
- Boersenblatt.net vom 08.12.2011: Verlage. Verfügbar unter: http://www.boersenblatt.net/373296/template/bb_tpl_branchenzahlen/. Abgerufen am 01.05.2012
- Boswell, James (2005): The Life of Samuel Johnson Vol. 2. ebook-Ausgabe
- Bruns, Axel (2008): Vom Gatekeeping zum Gatewatching. In: Snurblog. Verfügbar unter: http://snurb.info/files/2008_DFG_Vom%20Gatekeeping%20zum%20Gatewatching_preprint.pdf; abgerufen am 30.04.2012
- Bullinger, Hans-Jörg / Murrmann, Heinz (1999): Dienstleistungen. Der dynamische Sektor. 1. Auflage. Wiesbaden
- Bundesverband Deutscher Zeitungsverleger (2011): Auflagenstatistik der Zeitungen in Deutschland. 1. Quartal 2011. Verfügbar unter: http://www.bdzv.de/fileadmin/bdzv_hauptseite/markttrends_daten/vertriebsmarkt/2011/images/Auflagenstatistik_I_2011.pdf. Abgerufen am 03.04.2012
- Bundesverband Deutscher Zeitungsverleger (2011): Nachrichtenportale legen an Reichweite zu. Verfügbar unter: http://www.bdzv.de/zeitungen-online/information-

- multimed/artikel/detail/nachrichtenportale_legen_an_reichweite_zu/. Abgerufen am 04.04.2012
- Buss, Klaus-Peter / Wittke, Volker (2001): Wissen als Ware: Überlegungen zum Wandel der Modi gesellschaftlicher Wissensproduktion am Beispiel der Biotechnologie. In: SOFI-Mitteilungen Soziologisches Forschungsinstitut Göttingen (SOFI) Nr. 29. Verfügbar unter: http://www.sofi.uni-goettingen.de/fileadmin/SOFI-Mitteilungen/Nr._29/buss-wittke.pdf. Abgerufen am 21.02.2012
- Börnsen, Wolfgang (2011): Die Zukunft des Journalismus: Prekär, abhängig, minderwertig? In: Blogfraktion.de vom 18.02.2011. Verfügbar unter: http://blogfraktion.de/2011/02/18/die-zukunft-des-journalismus/. Abgerufen am 22.04.2012
- Castells, Manuel (2003): Die Macht der Identität. Das Informationszeitalter II. Opladen
- Castells, Manuel (2004): Der Aufstieg der Netzwerkgesellschaft. Das Informationszeitalter I. 1. Auflage. Opladen
  der Ansätze von Peter Drucker, Daniel Bell und Manuel Castells. 2. Auflage.
- Das Aristoteles Projekt (o.J.): Zitate von Aristoteles zu den Themen Politik & Recht. Verfügbar unter: http://www.aristotle-project.net/aristoteles-zitate-politik.html. Abgerufen am 06.03.2012
- De Haan, Gerhard / Poltermann, Andreas (2002): Funktionen und Aufgaben von Bildung und Erziehung in der Wissensgesellschaft. Berlin. In: Forschungsgruppe Umweltbildung. Verfügbar unter: http://wissensgesellschaft.org/themen/bildung/bildungwissen.pdf. Abgerufen am 17.02.2012
- Deutsche Presseagentur (2012): Facebook-Chronologie. In acht Jahren hat Facebook es von einem Studentenprojekt zu einem Milliardenunternehmen und künftigen Börsenstar gemacht. Die Meilensteine auf diesem Weg. New York / Berlin. In: Stern.de vom 04.05.2012. Verfügbar unter: http://www.stern.de/digital/computer/facebook-chronologie-1822215.html. Abgerufen am 14.05.2012
- Deutsche Presseagentur (2011): Der arabische Frühling – eine Zwischenbilanz. In: Stern.de vom 19. Mai 2011. Verfügbar unter: http://www.stern.de/politik/ausland/herrschersturz-buergerkrieg-unterdrueckung-der-arabische-fruehling-eine-zwischenbilanz-1686844.html
- Deutscher Fachjournalisten-Verband (2006): Journalismus als Bildungsinstanz – Bildung als Berichterstattungsfeld? In: Deutscher Fachjournalisten-Kongress vom 08.09.2006. Verfügbar unter: http://www.fachjournalistenkongress.de/fileadmin/documents/protocols06/Protokoll_Bildungsjournalismus_01.pdf. Abgerufen am 23.04.2012
- Dernbach, Beatrice / Loosen, Wiebke (2012): Didaktik der Journalistik. Konzepte, Methoden und Beispiele aus der Journalistenausbildung. Wiesbaden
- Die Bundesregierung (o.J.): Schwerpunkt Dienstleistungen in Deutschland. Verfügbar unter: http://www.bundesregierung.de/Content/DE/Magazine/MagazinWirtschaftFinanzen/063/s-a-dienstleistungen-in-deutschland.html. Abgerufen am 01.03.2012
- Die Bundesregierung (2011): Bundeshaushalt 2012 – Konsolidieren und Wachstum schaffen. Verfügbar unter: http://www.bundesregierung.de/Content/DE/Magazine/02MagazinWirtschaftArbeit/2011/12/12-wirtschaft-und-arbeit.html;jsessionid=76CBEAFE7D5A26087A832831EBE19EC6.s4t2?context=Inhalt%2C0. Abgerufen am 13.03.2012

- Die Bundeszentrale für politische Bildung (o.J.): Dossier Arabischer Frühling. Verfügbar unter: http://www.bpb.de/internationales/afrika/arabischer-fruehling/. Abgerufen am 13.03.2012
- Diel, Jörg (2012): Duisburg wählt sich frei. Sauerland-Abstimmung. In: Spiegel Online vom 12.02.2012. Verfügbar unter: http://www.spiegel.de/politik/deutschland/sauerland-abstimmung-duisburg-waehlt-sich-frei-a-814838.html. Abgerufen am 05.03.2012
- Dollinger, Bernd (Hrsg.) (2006): Klassiker der Pädagogik. Die Bildung der modernen Gesellschaft. 1. Auflage. Wiesbaden, S. 127-151
- Dörpinghaus, Andreas / Uphoff, Ina Katharina (2011): Grundbegriffe der Pädagogik. Darmstadt
- Dresselhaus, Günter (2006): Netzwerkarbeit und neue Lernkultur. Theoretische Grundlagen und praktische Hinweise für eine zukunftsfähige Bildungsregion. Münster
- Duttweiler, Stefanie (2012), in: Welt Online vom 11.02.2012: Die Selbstoptimierung wird zur Religion erhoben. Verfügbar unter: http://www.welt.de/gesundheit/psychologie/article13861027/Die-Selbstoptimierung-wird-zur-Religion-erhoben.html. Abgerufen am 03.05.2012
- Duden (1997): Das Fremdwörterbuch. Notwendig für das Verstehen und den Gebrauch fremder Wörter. Mannheim
- Drucker, Peter Ferdinand (1993): Die postkapitalistische Gesellschaft. Deutsche Ausgabe. Berlin
- Eichholz, Andrea (2010): Popularisierung von Wissenschaft in der Wissensgesellschaft. Eine Exploration von Theorien und Dokumenten. Dissertation im Fach Soziologie – Schwerpunkt: Spezielle Soziologie. Dortmund, S. 84-119
- Eickelkamp, Andreas (2011): Der Nutzwertjournalismus. Herkunft, Funktionalität und Praxis eines Journalismustyps. Köln. Verfügbar unter: http://www.halem-verlag.de/wp-content/uploads/2011/07/9783869620398_lese.pdf. Abgerufen am 28.04.2012
- Eisen, Alexandra (2012): Revolution in den Klassenzimmern. In: Allgemeine Zeitung Mainz vom 24.04.2012, S. 3
- Engelhardt, Anina / Kajetzke, Laura (Hg.) (2010): Handbuch Wissensgesellschaft. Theorien, Themen und Probleme. 1. Auflage. Bielefeld
- Erpenbeck, John / Sauer, Johannes (2001): Das Forschungs- und Entwicklungsprogramm „Lernkultur Kompetenzentwicklung". In: QUEM-Report. Schriften zur beruflichen Weiterbildung. Heft 68. Berlin, S. 9-67. Verfügbar unter: http://www.abwf.de/content/main/publik/report/2001/Report-67.pdf. Abgerufen am 25.03.2012
- Fachgruppe der Deutschen Gesellschaft für Publizistik- und Kommunikationswissenschaft (2004): Aktuelle Problemfelder und Studien. Verfügbar unter: http://www2.dgpuk.de/fg_cvk/dortmund_2004/abs.pdf#page=31. Abgerufen am 18.04.2012
- Fasel, Christoph (2004): Nutzwertjournalismus. Konstanz
- Frankfurter Allgemeine Zeitung vom 15.08.2011: Griechenland ist gerettet – bis auf weiteres. Verfügbar unter: http://www.faz.net/aktuell/wirtschaft/europas-schuldenkrise/zweites-rettungspaket-griechenland-ist-gerettet-8211-bis-auf-weiteres-11109806.html. Abgerufen am 06.03.2012
- Fromme, Johannes / Sesink, Werner (Hrsg.) (2008): Pädagogische Medientheorie. 1. Auflage. Wiesbaden
- Focus Schule Online vom 08.03.2007: Wirtschaftsunternehmen Schule. Radikale Bildungsreform. Verfügbar unter: http://www.focus.de/schule/schule/bildungspolitik/bildungsreform_aid_126000.html. Abgerufen am 15.03.2012
- Gabler Wirtschaftslexikon (o.J.): Verfügbar unter http://wirtschaftslexikon.gabler.de/

- Gasser, Peter (1999): Neue Lernkultur. Eine integrative Didaktik. 1. Auflage. Aarau
- Göppner, Hans-Jürgen (1984): Hilfe durch Kommunikation in Erziehung, Therapie, Beratung. Ziele und Handlungskriterien. Bad Heilbrunn
- Gröper, Tassilo (2010): Lokal weltweit vernetzt. Der Strukturwandel in der Mediengesellschaft. Marburg
- Günzler, Eva-Marie (2010): Online-Journalismus: Herausforderungen für Rezipient und Journalist. 1. Auflage. München
- Habermas, Jürgen (1978): Theorie und Praxis. Sozialphilosophische Studien. Berlin
- Haller, Michael (2000): Recherchieren. Ein Handbuch für Journalisten. 5., völlig überarbeite Auflage. Konstanz
- Heidenreich, Martin (2003): Die Debatte um die Wissensgesellschaft. In: Böschen, Stefan / Schulz-Schaeffer, Ingo (Hrsg.) (2003): Wissenschaft in der Wissensgesellschaft. Wiesbaden. Verfügbar unter: http://www.sozialstruktur.uni-oldenburg.de/dokumente/wissensgesellschaft_2002.pdf. Abgerufen am 11.03.2012
- Hessisches Kultusministerium (2009): Qualitätsentwicklung von Unterricht durch selbstgesteuertes Lernen. Argumente und Anregungen für den Aufbau einer veränderten Lehr-Lernkultur an selbstverantwortlichen Schulen. Materialien Band 4. Wiesbaden. Verfügbar unter: http://selbstverantwortungplus.bildung.hessen.de/material/HF1_web_.pdf. Abgerufen am 29.03.2012
- Hornbostel, Marten H. (2007): E-Learning und Didaktik. Didaktische Innovationen in Online-Seminaren. Boizenburg
- Horx Zukunftsinstitut (2010): Die besten Zitate zu Trend- und Zukunftsforschung. Verfügbar unter http://www.horx.com/zukunftsforschung/Docs/04-Q-03-Die-besten-Zukunftszitate.pdf. Abgerufen am 04.03.2012
- Jessen, Jens (2010): Vom Volk bezahlte Verblödung. In: Zeit Online vom 29.07.2010. Verfügbar unter: http://www.zeit.de/2010/31/Oeffentliche-Anstalten. Abgerufen am 22.04.2012
- Kaiser, Arnim / Kaiser, Ruth (1981): Studienbuch Pädagogik. Grund- und Prüfungswissen. 10., überarbeitete Auflage. Berlin
- Kant, Immanuel (1784): Was ist Aufklärung? In: Berlinische Monatszeitschrift. Dezember Heft 1784, S. 481-494. Verfügbar unter: http://www.uni-potsdam.de/u/philosophie/texte/kant/aufklaer.htm. Abgerufen am 02.05.2012
- Kant, Immanuel (1803): Über Pädagogik. Herausgegeben und mit einer Vorrede versehen von D. Friedrich Theodor Rink. Königsberg. Verfügbar unter: http://www2.ibw.uni-heidelberg.de/~gerstner/V-Kant_Ueber_Paedagogik.pdf. Abgerufen am 13.04.2012
- Klafki, Wolfgang (1996): Neue Studien zur Bildungstheorie und Didaktik. Zeitgemäße Allgemeinbildung und kritisch-konstruktive Didaktik. 5. Auflage. Weinheim, Basel
- Klebl, Michael (2006): Entgrenzung durch Medien. Internationalisierungsprozesse. Verfügbar unter: http://www.medienpaed.com/2006/klebl0607.pdf. Abgerufen am 03.04.2012
- Knischek, Stefan (2009): Lebensweisheiten berühmter Philosophen. 4000 Zitate von Aristoteles bis Wittgenstein. 8. Auflage. Hannover
- Kotowski, Timo (2008): Weblogs – Neuer Journalismus? München
- Krüger, Heinz-Hermann / Helsper, Werner (Hrsg.) (2007): Einführung in Grundbegriffe und Grundfragen der Erziehungswissenschaft. 8. Auflage. Opladen
- Krüger, Jens (2006): Der Gelehrteste ist nicht unbedingt der Gebildetste. In: Neuß-Grevenbroicher Zeitung vom 22.11.2006. Verfügbar unter: http://www.ngz-online.de/rhein-kreis/der-gelehrteste-ist-nicht-unbedingt-der-gebildetste-1.166464. Abgerufen am 23.04.2012
- Krishnamurti, Jiddu (2006): Vollkommene Freiheit. 5. Auflage. Frankfurt
- Kübler, Hans-Dieter (2008): Mythos Wissensgesellschaft. Gesellschaftlicher Wandel zwischen Information, Medien und Wissen. Eine Einführung. 2. Auflage. Wiesbaden.

- Medien und Kommunikation in der Wissensgesellschaft. Konstanz
- Kugel, J. (2010): Zitate. Norderstedt
- Landeszentrale für politische Bildung Baden-Württemberg (o.J.): Volksabstimmung zu Stuttgart 21 am 27. November 2011. Verfügbar unter: http://www.lpb-bw.de/volksabstimmung_stuttgart21.html. Abgerufen am 05.03.2012
- Landeszentrale für politische Bildung Baden-Württemberg (o.J.): Beutelsbacher Konsens. I. Überwältigungsverbot. Verfügbar unter: http://www.lpb-bw.de/beutelsbacher-konsens.html. Abgerufen am 04.05.2012
- Lange, Dirk (Hrsg.) (2011): Entgrenzungen. Gesellschaftlicher Wandel und politische Bildung. Schwalbach, S. 9-30
- Latzer, Michael (Hrsg.) u.a. (1999): Die Zukunft der Kommunikation. Phänomene und Trends in der Informationsgesellschaft. Innsbruck
- Liesner, Andrea / Lohmann, Ingrid (Hrsg.) (2010): Gesellschaftliche Bedingungen von Bildung und Erziehung. Eine Einführung. Stuttgart
- Löffelholz, Martin (2004): Theorien des Journalismus. Ein diskursives Handbuch. 2., vollständig überarbeitete und erweiterte Auflage. Wiesbaden
- Luhmann, Niklas (2008): Die Moral der Gesellschaft. Hrsg. von Detlef Horster. Frankfurt am Main, S. 209-253
- Luhmann, Niklas (1996): Die Realität der Massenmedien. 2., erweiterte Auflage. Opladen
- Maaser, Michael / Walther, Gerrit (Hrsg.) (2011): Bildung. Ziele und Formen. Traditionen und Systeme. Medien und Akteure. Stuttgart
- Magel, Eva-Maria (2011): Mein Prof für daheim. In: FAZ.net vom 29.03.2011. Verfügbar unter: http://www.faz.net/aktuell/rhein-main/region/digitale-vorlesungen-mein-prof-fuer-daheim-1607234.html. Abgerufen am 10.05.2012
- Mangold, Klaus (2000): Dienstleistungen im Zeitalter globaler Märkte: Strategien für eine vernetzte Welt. Frankfurt
- Mast, Claudia (Hg.) (2008): ABC des Journalismus. Ein Handbuch. 11., überarbeitete Auflage. Konstanz
- Mayring, Philipp (2002): Einführung in die Qualitative Sozialforschung. 5. Auflage. Weinheim, Basel
- Mertens, Dieter (1974): Schlüsselqualifikationen. In: Mitteilungen aus der Arbeitsmarkt- und Berufsforschung (1974). Nürnberg. Verfügbar unter: http://doku.iab.de/mittab/1974/1974_1_MittAB_Mertens.pdf. Abgerufen am 09.05.2012
- Mettler-v. Meibom, Barbara (1994): Kommunikation in der Mediengesellschaft. Tendenzen, Gefährdungen, Orientierungen. 1. Auflage. Berlin
- Meusers, Richard (2012): Encyclopaedia Britannica nur noch online. In: Spiegel Online vom 14.03.2012. Verfügbar unter http://www.spiegel.de/netzwelt/web/lexikon-encyclopaedia-britannica-nur-noch-online-a-821243.html. Abgerufen am 22.03.2012
- Meyer-Lucht, Robin (2011): Anhörung im Kulturausschuss: „Es ist ein Mythos, dass sich mit Online-Journalismus kein Geld verdienen lässt". In: Carta, Autoren-Blog für Politik, Medien und Ökonomie. Verfügbar unter: http://carta.info/38466/live-blog-zur-kulturausschuss-anhoerung-zur-zukunft-des-qualitaetsjournalismus/. Abgerufen am 15.04.2012
- Meyn, Hermann (1999): Massenmedien in Deutschland. Neuauflage. Konstanz, S. 271-295
- Mittelstraß, Jürgen (2000): Die Zukunft des Wissens. Vorträge und Kolloquien. XVIII. Deutscher Kongreß für Philosophie, Konstanz, 4.- 8. Oktober 1999, Hrsg. von Jürgen Mittelstraß. 1. Auflage. Berlin
- Müller, Hans-Rüdiger / Stravoravdis, Wassilios (2007): Bildung im Horizont der Wissensgesellschaft. Wiesbaden
- Mohr, Hans (1999): Die Zukunft der Wissensgesellschaft. 1. Auflage. Berlin

- Neuberger, Christoph (2004): Lösen sich die Grenzen des Journalismus auf? Dimensionen und Defizite der Entgrenzungsthese. Verfügbar unter: http://www.mediendaten.de/fileadmin/Texte/Neuberger.pdf. Abgerufen am 19.04.2012
- Neuß, Norbert (Hrsg.) (2003): Beruf Medienpädagoge. Selbstverständnis – Ausbildung – Arbeitsfelder. München
- Niggemeier, Stefan (2008): Wie sag ich`s meinem Randalierer? In: FAZ.net vom 17.03.2008. Verfügbar unter: http://www.faz.net/aktuell/feuilleton/medien/online-kommentare-wie-sag-ich-s-meinem-randalierer-1515755.html. Abgerufen am 18.04.2012
- Oerter, Rolf u.a. (2010): Neue Wege wagen. Innovation in Bildung, Wirtschaft und Gesellschaft. Stuttgart, S. 75-99
- Österreichischer Hörfunk (2010): Wer richtig zuhört, lernt eine Menge. Verfügbar unter: http://oe1.orf.at/artikel/246753. Abgerufen am 07.05.2012
- Online-Journalismus.de vom 04.03.2012: Zeit Online: Mit Social Media auf Erfolgskurs. Verfügbar unter: http://www.onlinejournalismus.de/2012/03/04/zeit-online-mit-social-media-auf-erfolgskurs/. Abgerufen am 05.04.2012
- Osrecki, Fran (2011): Die Diagnosegesellschaft. Zeitdiagnostik zwischen Soziologie und medialer Popularität. Bielefeld, S. 121-289
- Pöttker, Horst (Hg.) (2001): Öffentlichkeit als gesellschaftlicher Auftrag. Klassiker der Sozialwissenschaft über Journalismus und Medien. Konstanz
- Raabe, Johannes / Stöber, Rudolf / Theis-Berglmair, Anna M. / Wied, Kristina (Hg.) (2008): Medien und Kommunikation in der Wissensgesellschaft. Schriftenreihe der Deutschen Gesellschaft für Publizistik- und Kommunikationswissenschaft, Bd. 35. Konstanz
- Reim, Martin (2006): Moral-Debatte - „Stellenabbau ist nicht unmoralisch". In: Süddeutsche Zeitung vom 11.07.2006. Verfügbar unter: http://www.sueddeutsche.de/wirtschaft/moral-debatte-stellenabbau-ist-nicht-unmoralisch-1.904672. Abgerufen am 28.02.2012
- Reißmann, Ole (2009): Wahlergebnisse sickerten vorab auf Twitter durch. In: Spiegel Online vom 30.08.2009. Verfügbar unter: http://www.spiegel.de/netzwelt/web/0,1518,645907,00.html. Abgerufen am 28.03.2012
- Reißmann, Ole (2009): Journalismus ohne Zeitung. 50 Zitate zur Zukunft der Zeitung. Verfügbar unter: http://netzwertig.com/2009/02/12/zukunft-der-medien-journalismus-ohne-zeitung/. Abgerufen am 16.04.2012
- Schneider, Wolf / Raue, Paul-Josef (2008): Das neue Handbuch des Journalismus. 4. Auflage. Hamburg
- Süddeutsche Zeitung vom 24.08.2011: Kauder liest Kirchen die Leviten. Sinkende Mitgliederzahlen. Verfügbar unter: http://www.sueddeutsche.de/politik/sinkende-mitgliederzahlen-kauder-liest-kirchen-die-leviten-1.1134582. Abgerufen am 14.03.2012
- Ridder, Michael (2010): Die Zeitungen im Medienland Deutschland. In: Magazin-Deutschland.de vom 26.01.2010. Verfügbar unter: http://www.magazin-deutschland.de/de/artikel/artikelansicht/article/die-zeitungen-im-medienland-deutschland.html. Abgerufen am 04.04.2012
- Rittelmayer, Christian (2012): Bildung. Ein pädagogischer Grundbegriff. W. Kohlhammer GmbH. Stuttgart
- Röhrs, Hermann (Hrsg.) (1971): Didaktik. Frankfurt am Main
- Rolke, Lothar / Wolff, Volker (Hrsg.) (2002): Der Kampf um die Öffentlichkeit. Wie das Internet die Macht zwischen Medien, Unternehmen und Verbrauchern neu verteilt. Neuwied und Kriftel
- Rousseau, Jean-Jacques (2011): Emile oder über die Erziehung. Band 1+2. E-Books. Kindle-Editions
- Rousseau, Jean-Jacques (2011): Der Gesellschaftsvertrag. E-Books. Kindle-Editions

- Rühl, Manfred (2011): Journalistik und Journalismen im Wandel. Eine kommunikationswissenschaftliche Perspektive. Wiesbaden
- Schäfers, Eduard (2007): Die Kreativgesellschaft. Eine soziologische Untersuchung zur Zukunft der Gesellschaft. Göttingen, S. 107-133
- Schmundt, Hilmar (2009): Elite-Unis wetteifern im Wüstensand. In: Spiegel Online vom 08.12.2009. Verfügbar unter: http://www.spiegel.de/unispiegel/studium/0,1518,656790-2,00.html. Abgerufen am 16.04.2012
- Schulministerium NRW (o.J.): Zusammenarbeit von Schule und Wirtschaft. Verfügbar unter: http://www.schulministerium.nrw.de/BP/Schulsystem/Kooperationen/ZusammenarbeitSchuleWirtschaft/. Abgerufen am 15.03.2012
- Schulministerium NRW (o.J.): Datenblatt mit den Ergebnissen der Umfrage der Stiftung Partner für Schule. Verfügbar unter: http://www.schulministerium.nrw.de/BP/Schulsystem/Kooperationen/ZusammenarbeitSchuleWirtschaft/Datenblatt/index.html. Abgerufen am 15.03.2012
- Schüßler, Ingeborg (2004): Lernwirkungen neuer Lernformen. In: QUEM-Materialien 55. Berlin. Verfügbar unter: http://www.abwf.de/content/main/publik/materialien/materialien55.pdf. Abgerufen am 10.04.2012
- Schweizerische Unesco-Kommission für Bildung für nachhaltig Entwicklung (o.J.): Was ist „nicht formelle Bildung"? Was ist „informelle Bildung"?Verfügbar unter: http://www.unesco-nachhaltigkeit.ch/de/aktuell/medien.html?sword_list[0]=informelle&sword_list[1]=bildung. Abgerufen am 16.03.2012
- Sesink, Werner (2004): In-formatio. Die Einbildung des Computers. Beiträge zur Theorie der Bildung in der Informationsgesellschaft. Münster
- Sesink, Werner (2004): Grundlagen der Informationspädagogik. Skript zur Vorlesung im WS 2004-05 TU Darmstadt. Verfügbar unter: http://www.abpaed.tu-darmstadt.de/media/arbeitsbereich_bildung_und_technik/gesammelteskripte/gip_2004_skript_kompl.pdf. Abgerufen am 11.04.2012
- Simons, Anton (2011): Journalismus 2.0. Konstanz
- Statistisches Bundesamt (2011): Erwerbstätige nach Wirtschaftssektoren. Verfügbar unter: https://www.destatis.de/DE/ZahlenFakten/Wirtschaftsbereiche/Dienstleistungen/_Grafik/ErwerbstaetigeSektor.html. Abgerufen am 07.03.2012
- Statistisches Bundesamt (o.J.): Allgemeinbildende und berufliche Schulen. Schüler/innen in privaten Schulen nach Schularten. Verfügbar unter: https://www.destatis.de/DE/ZahlenFakten/GesellschaftStaat/BildungForschungKultur/Schulen/Tabellen/SchuelerPrivatenSchulen.html. Abgerufen am 19.03.2012
- Stehr, Nico (1994): Arbeit, Eigentum und Wissen. Zur Theorie von Wissensgesellschaften. Berlin
- Stehr, Nico (2001): Wissen und Wirtschaften . Die gesellschaftlichen Grundlagen der modernen Ökonomie. 1. Auflage. Frankfurt
- Stehr, Nico (2003): Wissenspolitik: Die Überwachung des Wissens. Berlin
- Stehr, Nico (2007): Die Moralisierung der Märkte. Eine Gesellschaftstheorie. 1. Auflage. Frankfurt
- Steinbicker, Jochen (2011): Zur Theorie der Informationsgesellschaft. Ein Vergleich der Ansätze von Peter Drucker, Daniel Bell und Manuel Castells. 2. Auflage. Wiesbaden

- Stumberger, Rudolf (2012): Wie neue Medien den Informationsfluss und damit die Gesellschaft verändern. In: *Heise Online* Magazin vom 09.01.2012. Verfügbar unter: http://www.heise.de/tp/artikel/36/36100/1.html. Abgerufen am 29.03.2012
- Süddeutsche Zeitung (2012): Angekommen im Digitalzeitalter. „Encyclopaedia Britannica" stellt Print ein. Verfügbar unter http://www.sueddeutsche.de/kultur/encyclopaedia-britannica-stellt-print-ein-angekommen-im-digitalzeitalter-1.1308518. Abgerufen am 22.03.2012
- Tauss, Jörg (1996): Deutschlands Weg in die Informationsgesellschaft. Herausforderungen und Perspektiven für Wirtschaft, Wissenschaft, Recht und Politik. 1. Auflage. Baden-Baden
- Technische Universität Darmstadt (o.J.): Informatik für Journalisten. Masterstudiengang. Verfügbar unter: http://www.tu-chemnitz.de/studium/studiengaenge/flyer/informatik_fuer_journalisten_master.pdf. Abgerufen am 27.03.2012
- Tenorth, Heinz-Elmar (2008): Geschichte der Erziehung. Einführung in die Grundzüge ihrer neuzeitlichen Entwicklung. 4., erweiterte Auflage. Weinheim, München
- Tietgens, Hans (1992): Didaktische Dimensionen der Erwachsenenbildung. Herausgegeben von der Pädagogischen Arbeitsstelle des Deutschen Volkshochschul-Verbandes. Frankfurt am Main. Verfügbar unter: http://www.die-frankfurt.de/esprid/dokumente/doc-1991/tietgens91_02.pdf. Abgerufen am 05.05.2012
- Tönnesmann, Jens (2012): Innovation statt Imbissbude. In: Zeit Online vom 06.01.2012. Verfügbar unter: http://www.zeit.de/karriere/beruf/2011-12/existenzgruender-migranten/seite-1. Abgerufen am 28.04.2012
- Uniprotokolle.de (2008): Denken wie ein Informatiker, schreiben wie ein Journalist. Technische Universität Chemnitz. Verfügbar unter: http://www.uni-protokolle.de/nachrichten/id/158282/. Abgerufen am 27.03.2012
- Universität Wien (o.J.): Center for Teaching and Learning. Moderator. Kurzbiografie. Dr. Martin Bernhofer. Verfügbar unter: http://ctl.univie.ac.at/veranstaltungen/friday-lectures-ws-201011/moderatorinnen/martin-bernhofer/. Abgerufen am 08.03.2012
- Völzke, Reinhard (2001): Professionelle Selbstbeschreibung erwachsenpädagogischen Handelns. In: Dewe, Bernd / Wiesner, Gisela / Wittpoth, Jürgen (2001): Professionswissen und erwachsenenpädagogisches Handeln. Bielefeld. Verfügbar unter: http://www.die-bonn.de/esprid/dokumente/doc-2002/dewe02_01.pdf. Abgerufen am 27.04.2012
- Von Traufenstein, Balduin (2012): Zitate & Denksprüche für jeden Tag. Die großen Weisheiten unserer Dichter. Vollständige ebook-Ausgabe.
- Vogel, Rose (2005): Didaktische Konzepte der netzbasierten Hochschullehre. Ergebnisse des Verbundprojektes „Virtualisierung im Hochschulbereich". Münster
- Von Gross, Friederike / Marotzki, Winfried / Sander, Uwe (Hrsg.) (2008): Internet – Bildung – Gemeinschaft. 1. Auflage. Wiesbaden
- Watzlawick, Paul / Beavin, Jeanet H. / Jackson, Don D. (1980): Menschliche Kommunikation. Formen, Störungen, Paradoxien. Fünfte unveränderte Auflage. Bern, Stuttgart, Wien, S. 50-70
- Weingart, Peter (2001): Zum Verhältnis der Wissenschaft zu Politik, Wirtschaft und Medien in der Wissensgesellschaft. Unveränderter Nachdruck der Erstausgabe. Weilerswist
- Weinreich, Jens (2010): Online-Gebühren: Über den Wert von Qualitätsjournalismus. In: www.jensweinreich.de vom 22.02.2010. Verfügbar unter: http://www.jensweinreich.de/2010/02/22/online-gebuehren-uber-den-wert-von-qualitatsjournalismus/. Abgerufen am 17.04.2012

- Welt Online vom 02.01.2012: Sprachexperte geißelt Fetzenliteratur auf Twitter. Verfügbar unter http://www.welt.de/kultur/article13793892/Sprachexperte-geisselt-Fetzenliteratur-auf-Twitter.html. Abgerufen am 01.03.2012
- Wersig, Gernot (1985): Die kommunikative Revolution: Strategien zur Bewältigung der Krise der Moderne. Opladen, S. 18-94
- Weymann, Ansgar (1998): Sozialer Wandel. Theorien zur Dynamik der modernen Gesellschaft. Weinheim und München
- Wiesner, Christian / Peherstorfer, Markus (2004): Bildungsjournalismus als Herausforderung: PISA-Berichterstattung 2004. In: Abteilung Journalistik des Fachbereichs Kommunikationswissenschaft der Universität Salzburg (2006): Journalismus in Österreich. Verfügbar unter: http://www.uni-salzburg.at/pls/portal/docs/1/673162.PDF. Abgerufen am 06.05.2012
- Wilke, Jürgen (Hrsg.) (1999): Mediengeschichte der Bundesrepublik Deutschland. Schriftenreihe Band 361. Bundeszentrale für politische Bildung. Bonn
- Wingens, Matthias (1998): Wissensgesellschaft und Industrialisierung der Wissenschaft. Wiesbaden
- Winkler, Michael (2006): Kritik der Pädagogik. Der Sinn der Erziehung. Stuttgart, S. 181-264
- Wolff, Reinhard (2011): Online-Kommentare unter Kontrolle. In: TAZ.de vom 30.08.2011. Verfügbar unter: http://www.taz.de/!77144/. Abgerufen am 25.04.2012
- Wissenschaftliche Hochschule Lahr (o.J.): Lehrstuhl für Wirtschaftspädagogik mit Schwerpunkt Berufliche Weiterbildung und Bildungsmanagement. Verfügbar unter: http://www.akad.de/hochschulen/unsere-hochschulen/wissenschaftliche-hochschule-lahr-whl/lehrstuehle/wirtschaftspaedagogik/. Abgerufen am 02.04.2012
- www.presserat.info
- www.duden.de
- www.gutzitiert.de
- www.informationskompetenz.de
- www.itwissen.info: Das große Online-Lexikon für Informationstechnologie
- www.pons.de : Das Sprachenportal. Online-Wörterbuch
- www.rechtslexikon-online.de
- www.universum.com: Allgemeines zur Fachredaktion „Jugend und Bildung" der Universum Kommunikation und Medien AG. Wiesbaden. Verfügbar unter: http://www.universum.com/jugend%2Bbildung. Abgerufen am 24.02.2012
- www.zitate-aphorismen.de
- www.zitate-woxikon.de
- Zeit Online (2011): Schluss mit dem inszenierten Elend. Verfügbar unter: http://www.zeit.de/kultur/2011-11/saalfrank-nanny-rtl. Abgerufen am 19.03.2012
- Zymek, Bernd (2005): Was bedeutet „Ökonomisierung der Bildung"? Analyse des Gutachtens der Vereinigung der Bayerischen Wirtschaft „Bildung neu denken! Das Zukunftsprojekt". In: Berliner Debatte Initial 16, S. 3-13. Verfügbar unter: http://webapp5.rrz.uni-hamburg.de/fsr-db/Texte/Was_bedeutet_Oekonomisierung_der_Bildung.pdf. Abgerufen am 23.03.2012

Anhang

1 Interview mit Nina Braun, Bildungsjournalistin

Wie ist es um das Bildungssystem bestellt?

Nina Braun: Es hat sich einiges bewegt in den letzten Jahren. Das sehe ich sehr positiv. Andererseits erschreckt es mich, wie selten wissenschaftliche Erkenntnisse offenbar in der Praxis ankommen.

Das Wissen wird in unserer Gesellschaft zum entscheidenden Produktionsfaktor. Es gibt immer mehr Berufe, für die ein tertiärer Bildungsabschluss benötigt wird. Laut Ihrer Webseite beobachten Sie Schulen und Bildungsinstitutionen schon seit langem und stehen in ständigem Kontakt zu Experten und Praktikern. Ist das deutsche Bildungssystem den Herausforderungen einer Wissensgesellschaft gewachsen?

Nina Braun: Das Bildungssystem ist ja kein homogenes Gebilde. Es gibt Schulen, die sich individuelle Förderung auf die Fahnen geschrieben haben und das auch in der täglichen Praxis umsetzen. Auf der anderen Seite gibt es natürlich auch eine Menge Schulen, die dies nicht tun. Es gibt viele gute Ansätze, die allerdings noch ausgebaut werden müssten, doch dies scheitert häufig an nicht vorhandenen finanziellen Ressourcen und den verkrusteten Strukturen. Die Schule ist hierarchisch wie kein anderes System. Die Lehrer propagieren auf der einen Seite ihre Unabhängigkeit, werden aber auf der anderen Seite stark reglementiert durch die Vorgaben der Ministerien. Viele Lehrer, die an dem Projekt "Selbständige Schulen in NRW"[99] (Kern des Projekts: Mehr Eigenverantwortung und Selbständigkeit für die Schulen; *Anm. d. Verfassers*) teilgenommen haben, haben mir gesagt, dass dies das Beste gewesen sei, was sie in diesem Zusammenhang erlebt hätten. Ich glaube, dass solche Projekte sehr wichtig sind, um die Schulen in die Selbständigkeit zu entlassen und damit für die Zukunft wirklich gerüstet zu sein.

---

[99]Broschüre siehe: http://www.bertelsmann-stiftung.de/cps/rde/xbcr/SID-7692E629-39274944/bst/Broschuere_Selbststaendige_Schule.pdf

Die Forderungen einer Wissensgesellschaft nach selbständigem Lernen und Flexibilität widersprechen doch einem Schulsystem, das auf klaren Hierarchien beruht, oder?
Nina Braun: Das denke ich auch. Wenn das System nicht so aufgebaut ist, wie es seine Ziele voraussetzen, dann wird das sicherlich schwierig umzusetzen sein.

Auf Ihrer Webseite steht auch, dass Sie durch den Kontakt mit Experten und Praktikern heute wissen, was morgen Thema in den Bildungsdebatten sein wird. Welche Themen werden das in den kommenden drei bis fünf Jahren sein?

Nina Braun: Die Selbstständigkeit wird auf jeden Fall ein wichtiges Thema sein. Dagegen werden die Diskussionen über G8 und G9 nicht mehr im Fokus stehen, da sich die Aufregung um dieses Thema schon etwas gelegt hat. Ich bin der Ansicht, dass alles ein bisschen pragmatischer wird, und das sehe ich eigentlich ganz positiv. Denn in den letzten Jahren verliefen die Diskussionen doch sehr emotional. Es wird eine Entwicklung in Richtung mehr gemeinsames Lernen geben. Inklusion und vor allem die Grenzen der Inklusion werden ein großes Thema sein. Es ist natürlich erstrebenswert, dass behinderte Schüler gemeinsam mit nicht behinderten Schülern lernen, allerdings wird man dort, meiner Meinung nach, an seine Grenzen stoßen.

Ich möchte in meinem Buch ein Drei-Phasen-Modell der Bildung entwerfen, das sich sowohl auf die Gegenwart als auch auf die Zukunft bezieht. Können Sie eine Prognose wagen, wie ein durchschnittlicher Bildungsprozess 2025 aussehen könnte und welche Rolle die Bildungsinstitutionen spielen werden?

Nina Braun: Das kann sich in zwei Richtungen entwickeln: Positiv zu sehen, wäre es, wenn die Schulen zu einem Ort des Lebens werden, dann werden sie mit den Jahren auch immer wichtiger. Diese Entwicklung wird mit der Ganztagsschule ja schon vorangetrieben. Es wäre sicherlich sehr negativ zu betrachten, wenn die Schulen immer unwichtiger werden würden. Das könnte passieren, wenn die Probleme mit dem Mangel an Ressourcen nicht erfolgreich bekämpft würden. Es gibt ja auch andere Anreize für Schüler, um zu lernen und sich zu entwickeln. Private Initiativen, immer mehr Privatschulen und Lernangebote über das Internet könnten dann eine verstärkte Rolle spielen und dazu führen, dass sich die Eltern bei der Auswahl der Bildungsinstitutionen umorientieren.

In Deutschland wird ein Mangel an Facharbeitern beklagt. Es gibt dagegen immer mehr Berufe, die einen tertiären Bildungsabschluss erfordern. Die Hauptschule wird Schritt für Schritt abgeschafft. Für viele Handwerksberufe wird neuerdings die mittlere Reife verlangt. Wie sehen Sie diese Entwicklung? Was muss die Schule leisten, damit leistungsschwache Schüler dennoch einen Abschluss schaffen, der es ihnen ermöglicht beispielsweise einen handwerklichen Beruf zu erlernen?

Nina Braun: Leistungsschwache Schüler sind keine Schüler, die nichts können. Sie müssen einfach nur richtig gefördert werden. Die Schule muss vor allem diesen Schülern eine gute Lernumgebung und Motivation bieten. Die Lehrer sollten sich dafür verantwortlich fühlen, dass auch leistungsschwache Schüler ihren Abschluss schaffen.

Sie beziehen sich auf Ihrer Webseite in einem Abschnitt auf G8 und die Folgen. Was denken Sie darüber, dass durch G8 und dem Bachelor-System die Studium-Absolventen immer jünger werden und damit wesentlich früher in die Arbeitswelt integriert werden können als es bei klassischen Magister- oder Diplomstudiengängen in der Regel der Fall war?

Nina Braun: Einerseits ist diese Entwicklung aus der Sicht der Arbeitswelt positiv zu sehen, weil ich glaube, dass sich - dadurch, dass viele junge Menschen in die Betriebe stoßen - verkrustete Strukturen auflösen können und es in den Betrieben zu einer gemischten Altersstruktur kommt. Als ich in die Arbeitswelt eingestiegen bin, habe ich bemerkt, dass es sowohl Bereiche gibt, in denen nur ältere Mitarbeiter tätig sind, als auch Abteilungen, in denen nahezu ausschließlich junge Menschen arbeiten. Meiner Erfahrung nach herrschten dort, wo die älteren Mitarbeiter aktiv waren, bessere Arbeitsbedingungen. Mein subjektiver Eindruck war, dass die älteren Arbeitnehmer ihre Position eifersüchtig bewachen. Ich denke, dass es für die Ergebnisse von Arbeitsprozessen gut wäre, wenn sie in - im Bezug auf die Altersstruktur - gemischten Teams entstehen, damit verschiedene Perspektiven einfließen können.
Andererseits sehe ich es negativ, dass den Studenten im Studium immer weniger Zeit bleibt, um sich auszuprobieren. Darunter leidet dann die allgemeine Bildung. Ich persönlich habe kein Bachelor-Studium absolviert, daher kann ich über die Folgen nur mutmaßen.

Ich habe einige junge Menschen, die ein Bachelor-Studium aufgenommen haben, kennen gelernt und mein subjektiver Eindruck war, dass diesen jungen Leuten durchaus

bewusst ist, dass sie eine Menge verpassen und nicht so viel Zeit investieren können, um möglichst viele unterschiedliche Erfahrungen in verschiedenen Bereichen zu machen.

Nina Braun: Obwohl vorher ja auch nicht alles gut war. Ich habe einen Magisterstudiengang in Münster absolviert. Das ist eine riesengroße Universität und dort war man ziemlich auf sich allein gestellt. Man hatte natürlich sehr viel Freiheit, aber es war ein Stück zuviel Freiheit.

Dr. Martin Bernhofer, Leiter der Hauptabteilung Wissenschaft, Bildung, Gesellschaft der ORF-Radios hat die These aufgestellt, dass der Journalismus "pädagogische", das heißt Informationen selektierende, Wissensgrundlagen schaffende, die Reflexion fördernde Funktionen zu übernehmen habe, die von den traditionellen Institutionen der Bildung nicht mehr oder nur unvollständig erfüllt werden können. Im Umkehrschluss müssen Lehrer immer mehr journalistische Techniken wie Recherche, Redaktion, Herausgabe und Moderation von Kommunikationsprozessen, beherrschen. Werden künftig Wechselbeziehungen zwischen Pädagogik und Journalismus notwendig sein, um Bildung qualitativ zu sichern?

Nina Braun: Ich sehe einige Parallelen zwischen Pädagogik und Journalismus. Beide Systeme wollen etwas vermitteln. Beide haben aber auch zum Teil sehr unterschiedliche Denkweisen. Pädagogen und Journalisten moderieren recht viel und haben beide einen sehr kommunikativen Beruf. Ein Lehrer kann auch journalistisch arbeiten, wenn er das will, er *muss* es aber nicht. Die These von Dr. Bernhofer empfinde ich als sehr idealistisch, weil ich nicht glaube, dass Journalisten viel zum Bildungsprozess beitragen. Dies wäre aber natürlich sehr schön.

Sie glauben also nicht, dass Bildung künftig Wechselbeziehungen zwischen Pädagogik und Journalismus braucht?

Nina Braun: Ich bin nicht der Ansicht, dass Bildung dies *braucht*. Solche Beziehungen könnten aber nützlich sein. Die Aktualität als mitunter wichtigster Aspekt des Journalismus bereichert bestimmt den Unterricht in einer Schule. Bei dem Bildungsjournalismus, in dem ich tätig bin, geht es darum, darüber zu berichten, mit welchen Problemen der Lehrer sowohl als Mensch als auch in seinem beruflichen Fokus zu kämpfen hat. Die Lehrer freuen sich sehr darüber und sind es gar nicht gewohnt, dass sie in der Öffentlichkeit auch einmal als Person und nicht nur als Lehrer wahrgenommen werden. Ich arbeite beim *Forum-Schule*-Magazin in

Nordrhein-Westfalen (Ein Magazin für Lehrerinnen und Lehrer in NRW[100]; *Anm. d. Verfassers.*), wo die Lehrerinnen und Lehrer im Zentrum stehen. Ich möchte diese Berichterstattung gerne ausbauen, weil Lehrer doch sehr empfindlich sind, wenn es um ihre Persönlichkeit, ihren Beruf und ihren Stolz geht. Sie fühlen sich immer sehr schnell angegriffen. Ich denke, dass der Journalismus in dieser Hinsicht einen Beitrag leisten kann, sodass die Lehrer sich selbst reflektieren und auch einmal über sich lachen können.

Im Zuge der Diskussionen um die Wissensgesellschaft ist häufig auch von der Dienstleistungsgesellschaft die Rede. Manche sprechen von dem Wissen als Ware. Der US-amerikanische Ökonom Peter Ferdinand Drucker hat gesagt, dass Wissen zur primären Industrie geworden sei, die der Wirtschaft das wesentliche und zentrale Potenzial für die Produktion liefert. Wird das Wissen zu einer Ware in Form einer Dienstleistung oder ist es längst schon? Welche Folgen hätte dies für den Bildungsgedanken?

Nina Braun: Ich bin auch der Ansicht, dass Wissen immer mehr zu einer Ware wird. Es gibt immer mehr Unternehmen, die in den Bildungsmarkt vorstoßen und eine steigende Anzahl an Privatschulen. Für das Bildungssystem, vor allem für die Schule bedeutet dies, dass sie noch stärker darauf achten muss, ein breites Wissen zu vermitteln.

Das Wissen wird also zur entscheidenden Ressource. Die Bundesregierung investiert 2012 die Rekordsumme von 12,9 Milliarden Euro in Bildung und Forschung. Das ist ein Zuwachs von fast 11 Prozent. Immerhin nahmen im WS 11/12 etwa 16 Prozent mehr junge Menschen ein Studium auf als vorigen WS. Sind diese Mittel ausreichend? Wo muss das Geld hinfließen, damit Bildung dauerhaft qualitativ gut ausgebildete Absolventen hervorbringt und nicht eben einfach nur viele?

Nina Braun: Das Geld sollte vor allem in die Förderung und in die Weiter- und Fortbildung von Lehrern fließen. Die Lehrer sollten nicht alleine gelassen werden. Zusätzlich sollte mehr Geld in die Verwaltung gesteckt werden. Dies liegt, meiner Erfahrung nach, auch den Lehrern selbst sehr am Herzen. Viele Lehrer in einer Schule verbringen täglich sehr viel Zeit mit Verwaltungsangelegenheiten, die eigentlich nicht zu ihrem Aufgabenbereich gehören. Das ist beispielsweise in Finnland ganz anders. Das ist wohl auch ein Grund, warum die Finnen ein so gut funktionierendes Schulsystem haben. Die Lehrer können sich dort auf ihre Aufgaben

---

[100] Das *Forum-Schule*-Magazin im Internet: www.forum-schule.de

konzentrieren und müssen sich nicht mit anderen Dingen beschäftigen. Also wäre es sinnvoll, eine Form der Professionalität zu fördern.

Zum Abschluss: Sind Sie der Ansicht, dass Pädagogik und Journalismus Orientierung liefern können in der Wissensgesellschaft, in der soviele Informationen wie noch nie zuvor zugänglich sind? Wie könnten solche Orientierungshilfen aussehen?

Nina Braun: Es ist ja die ureigene Aufgabe eines Journalisten, Orientierung zu bieten, indem er Informationen hierarchisiert und einordnet. Lehrer sind noch eine Berufsgruppe, die relativ viel Zeitung liest. Ich glaube, viele Verlage haben dieses Potential noch nicht erkannt. Bis auf das Wochenmagazin *Zeit,* das meiner Erfahrung nach von vielen Lehrern gelesen wird, da es sich thematisch viel mit Bildungsfragen und Schule auseinandersetzt. Viele Zeitungen könnten gewiss auch mehr Lehrer zu ihrer Leserschaft gewinnen, wenn sie ihre Schwerpunkte mehr in Richtung Bildung verlagern würden.

2 Interview mit Marco Fileccia, Lehrer und Autor

Der grundlegende gesellschaftliche Auftrag des Journalismus besteht in der Herstellung von Öffentlichkeit und in der Orientierungsleistung. Die wesentliche Aufgabe der Pädagogik besteht in der Erziehung und Bildung des Menschen zu einem mündigen und selbstbestimmten Bürger.
Gibt es dennoch Parallelen, was den gesellschaftlichen Auftrag der beiden Systeme Pädagogik und Journalismus betrifft?

Marco Fileccia: Da gibt es natürlich ganz starke Parallelen. Ich bin ja auch Politik-Lehrer und für mich gilt das Überwältigungsverbot; das heisst, dass ich niemandem meine Meinung aufdrücken darf. Diesen Anspruch verfolge ich auch als Journalist, denn ich informiere Menschen. Wenn ich das gut mache, dann können sich die Leser auf dieser Grundlage eine eigene Meinung bilden. Das gleiche versuche ich in der Schule natürlich auch. Der Unterschied besteht darin, dass ich in der Schule immer mit denselben Menschen zusammenarbeite, sodass eine Beziehungsebene dazukommt, und ich habe einen Erziehungsauftrag, der mir vorgibt, was ich wie und auf welche Weise zu vermitteln habe. Da ist man im Journalismus mit der Pressefreiheit natürlich ein bisschen freier. Aber so weit auseinander würde ich den Auftrag der beiden Disziplinen gar nicht sehen, gerade wenn es um den mündigen Bürger geht. Ich glaube, in jedem Journalisten steckt bis zu einem gewissen Grad auch ein Lehrer, denn er möchte Leuten etwas vermitteln und etwas mitgeben. Und umgekehrt steckt möglicherweise in jedem Lehrer auch ein Stück weit ein Journalist, denn er möchte etwas auf leicht verständliche und spannende Art und Weise für seine Zielgruppe aufbereiten. Sie unterscheiden sich zwar in ihrer Zielgruppe, ihren Methoden und Techniken und vielleicht auch manchmal in ihrem Anspruch, aber sie ähneln sich doch stark in den grundlegenden Dingen.

Als Schnittpunkt der beiden Disziplinen kann die Bildung angesehen werden, wobei Journalisten und Pädagogen Bildung auf unterschiedliche Weise herstellen. Der Pädagoge scheint in diesem Prozess ein Stück weit aktiver als der Journalist zu sein. Denn jener gibt eher nur den Anstoß zur Bildung und vollbringt keine direkte Bildungsleistung. Er bringt eigentlich nur den Stein ins Rollen.
Sind Sie da ähnlicher Meinung?

Marco Fileccia: Aber mehr als den Stein ins Rollen bringen, mache ich als Lehrer ja auch nicht. Wenn ich von einem Lerner ausgehe und mir anschaue, wie Lernen tatsächlich funktioniert, dann ist das immer ein aktiver Prozess, der von der Person selbst ausgehen muss. Das ist das, was wir Konstruktivismus nennen; sprich, ich konstruiere mir mein Wissen selbst, das kommt nicht von außen. Das heisst, in der Schule kann ich auch nur Lernprozesse in Gang setzen, aber das eigentliche Lernen, das wir dann hinterher vielleicht einmal als Bildung bezeichnen können, muss der Lerner selbst aktiv gestalten. Aber Sie haben natürlich vollkommen Recht, wenn wir den Unterschied zwischen passiv und aktiv machen wollen: Ich habe natürlich in der Schule mehr Möglichkeiten. Ich habe sowohl eine grundlegende Didaktik als auch eine Fächerdidaktik, die ich benutzen kann und eine ausgefeilte Methodik. Im Vergleich zu Filmjournalisten, die mit ihrer Bildsprache und ihren Bildern etwas für das Kino oder das Fernsehen machen, oder Schreib-Journalisten, die letztlich nur ihre Sprache zu Verfügung haben, habe ich als Lehrer schon viel mehr Instrumente, um Lernprozesse in Gang zu setzen. Von daher würde ich das schon etwas erweitert sehen. Aber ich würde Ihnen durchaus Recht geben: Wissen und Informationen, vermittelt durch den Journalisten, sind zwar letztlich auch Bildung, aber ich verfolge keinen Bildungsanspruch, wenn ich einen Zeitungsartikel schreibe. In der Schule hingegen habe ich diesen Bildungsanspruch natürlich sehr wohl.

Ich habe in meinem Buch zwischen der allgemeinen Bildung im Sinne der Anhäufung von Wissen und der Charakterbildung unterschieden, bei der es nicht darum geht, was man weiß, sondern wer man ist und was einen selber auszeichnet. In Bezug auf die Charakterbildung lässt sich behaupten, dass die Pädagogen dort mehr Möglichkeiten haben.
Sind Sie der Meinung, dass Journalisten ebenfalls etwas zur Charakterbildung beitragen können?

Marco Fileccia: Der Begriff Charakterbildung gefällt mir persönlich nicht. Da es ja um einen ganzheitlichen Ansatz geht, würde ich den Begriff Persönlichkeitsbildung vorziehen. Ihre Frage würde ich gerne anhand eines Beispiels beantworten: In der Schule möchte ich, dass die Schüler im Team zusammenarbeiten und dadurch ein Soft-Skill wie Teamfähigkeit erwerben. Das spielt im Journalismus natürlich in der Regel überhaupt keine Rolle. In der Schule kann ich dies aber sehr wohl trainieren und muss es sogar, denn ich habe ja einen Erziehungsauftrag in diese Richtung.

Welche Fähigkeiten, abgesehen von den Soft-Skills Pünktlichkeit, Zuverlässigkeit etc., haben Sie während Ihres Referendariats und Ihrer anschließenden Lehrerlaufbahn erworben und entwickelt, die sie für Ihre Tätigkeit als Journalist einsetzen können?

Marco Fileccia: Ganz wichtig ist, wie es in der Schule heisst, die didaktische Reduktion. Das bedeutet, dass ich komplizierte Dinge vereinfachen muss, sodass sie weiterhin richtig sind, aber verstehbar werden. Wie zum Beispiel in der Biologie bei der Erklärung der Photosynthese. Ich darf diesen Vorgang nicht verfälschen, aber ich muss ihn so didaktisch aufbereiten, dass ihn 12-jährige Jungen und Mädchen verstehen. Ähnliches machen die Journalisten ja auch, denn sie nehmen komplizierte Sachverhalte und bereiten sie für ihre Leser und Hörer so auf, dass sie kurzweilig, interessant, aber eben auch gut zu verstehen sind. Nebenbei: Im Augenblick boomen ja wieder Zeitschriften, vor allem die sogenannten „Special-Interest-Zeitungen", die sich auf ein Fachgebiet oder Thema spezialisiert haben. Ich denke, das hängt damit zusammen, dass die Welt hochkompliziert ist und immer komplexer wird, und die Leute nach Orientierung suchen. Diese Zeitschriften bieten genau das, was die Internet-Google-Suche nicht leisten kann, und zwar die leserliche und auf Bedürfnisse zugeschnittene Aufbereitung eines bestimmten Themas. Diese Art von Journalismus funktioniert jetzt wieder, obwohl man lange Zeit befürchtete, dass dies nicht mehr der Fall sei. Um auf die Frage zurückzukommen: Ich denke, dass es in beiden Disziplinen wichtig ist, etwas interessant, spannend und witzig mit einem Spannungsbogen vom Anfang bis zum Ende zu verpacken. Das macht man natürlich auch in einer Unterrichtsstunde. Das sind Fähigkeiten, die einen guten Erzähler ausmachen.

Die beiden Systeme Pädagogik und Journalismus sind in der Wissensgesellschaft durch erhebliche Entgrenzungserscheinungen gekennzeichnet. Ratgeberliteratur und Fernsehsendungen zu pädagogischen Themen tragen zu einer Universalisierung des Pädagogischen bei; Bildungsprozesse finden längst nicht mehr nur in klassischen Bildungsinstitutionen statt. Diese Entwicklung könnte die Experten-Stellung der professionell ausgebildeten Pädagogen bedrohen.
Die modernen Kommunikations- und Informationstechnologien machen es möglich, eigenständig und ohne viel Aufwand Beiträge, bestehend aus Text-, Bild- und Videoelementen, zu erstellen und sie per journalismusähnlichen Formen wie Weblogs zu veröffentlichen. Für den professionellen Journalismus ergibt sich daraus eine neue Konkurrenzsituation.

Welche strukturellen Maßnahmen müssen die beiden Systeme treffen, um – überspitzt formuliert – nicht überflüssig zu werden (Qualitätsmanagement)?

Marco Fileccia: Ich finde, das Gegenteil ist der Fall. Man braucht heute umso mehr „Welterklärer", die Orientierung bieten und diese komplizierte und komplexe Welt erklären können. Leute, die dies nicht in einer unverständlichen Fachsprache, sondern in einer der jeweiligen Zielgruppe gemäßen Sprache vermitteln. Ich glaube, ein guter Journalist und ein guter Pädagoge sind weiterhin gefragt, und zwar so stark wie bisher noch nie, weil viele Dinge in der Welt eben schwierig zu verstehen ist. Man muss auch bedenken, dass nicht jeder zum Autodidakten geboren ist. Die Möglichkeiten, sich zu informieren, sind in den vergangenen circa 15 Jahren rasant gewachsen. Ich bin noch in einer Generation aufgewachsen, die kein Internet hatte. Heute ist es natürlich viel schwieriger, den Überblick zu behalten, Orientierung zu haben und somit über die Möglichkeit zu verfügen, Informationen bewerten zu können. Man findet heutzutage irgendetwas im Netz und muss dann entscheiden, ob dies gut oder schlecht ist und ob die Quelle vertrauenswürdig ist. Daher muss man in der Schule auch solche Dinge wie Quellenanalyse trainieren; am besten mit Hilfe von Leuten, die das besonders gut können, so wie Lehrer und vielleicht auch Journalisten. Von daher denke ich, dass heutzutage mehr denn je die Notwendigkeit besteht, gute Pädagogen und Journalisten zu haben und man lernt natürlich viel besser bei guten Lehrern und Journalisten, die ihr Handwerk auch verstehen. Aber Sie haben natürlich Recht, es gibt mittlerweile eine Menge Schnittpunkte zwischen den beiden Disziplinen. Das zeigt sich nicht nur anhand der Menge an Ratgeberliteratur, sondern auch daran, dass mittlerweile Erziehungs-, Bildungs- und Schulthemen in der Öffentlichkeit ausgiebig diskutiert werden, was ich sehr gut finde. Ich stehe zwar diesen Sendungen, die das Thema Erziehung behandeln, kritisch gegenüber, aber sie stoßen immerhin eine Diskussion über Erziehung, Bildung und Schule etc. an. Diese breite Diskussion in der Öffentlichkeit finde ich gut und sie trägt auch dazu bei, dass man heutzutage viel informierter über diese Themen ist als noch vor zehn oder 15 Jahren.

Bedeutet dies, dass Sie nicht der Auffassung sind, dass die beiden Systeme Pädagogik und Journalismus strukturelle Veränderungen einleiten müssten, um sich an die heutigen Gegebenheiten anzupassen?

Marco Fileccia: Teils, teils. Das müsste man differenziert betrachten. Ich glaube, das Handwerkszeug, das einen guten Pädagogen und einen guten Journalisten auszeichnet, wird sich in seiner Grundsubstanz nicht groß verändern; wahrscheinlich wird das auch immer gleich bleiben. Aber natürlich haben sich die Instrumente verändert, die ganze Welt hat sich verändert, und daran müssen sich die Pädagogen und Journalisten natürlich auch anpassen. Im Journalismus ticken die Uhren heutzutage viel schneller, Themen werden in allen möglichen Medien über ein bis zwei Wochen gehypt und sind dann wieder verschwunden. Daraus ergibt sich für die Journalisten eine andere Arbeitsweise. In der Schule müssen die Lehrer natürlich auch auf gesellschaftliche Veränderungen reagieren und die Entwicklung der Fächer schreitet voran. So wie die Lehrer vor 20 Jahren unterrichtet haben, indem sie sich vorne an die Tafel gestellt haben und 45 Minuten lang etwas erzählt haben, geht das natürlich heute nicht mehr. Die didaktischen Formen haben sich in diesem Bereich auch weiterentwickelt. Das bedeutet, dass man sich ständig anpassen und Neues lernen muss. Aber was einen guten Pädagogen in seiner Grundsubstanz ausmacht, sei es die Überzeugung und Begeisterung für sein Unterrichtsfach oder die Möglichkeit, mit jungen Menschen zusammenarbeiten zu können und dadurch auch Beziehungsarbeit zu leisten, das wird sich meiner Meinung nach nicht ändern.

Auf dem Kongress des Deutschen Journalistenverbandes 2006 wurde die Frage diskutiert, ob der Journalismus künftig als Bildungsinstanz neben Schule und Elternhaus fungieren könne.
Ist dies Ihrer Meinung nach realistisch?
Welche Medien wären am ehesten geeignet, um Bildung zu vermitteln (Zeitung, Zeitschriften, Magazine, Online-Portale)?

Marco Fileccia: Ja, das passiert doch schon. Das Fernsehen war schon immer auch ein Erzieher, in dem Werte, bestimmte Grundhaltungen zu gesellschaftlichen Fragen und ein gewisses Menschenbild vermittelt werden. Diese Dinge wurden schon immer im Fernsehen transportiert und das ist auch heute noch der Fall. Jugendliche lassen sich natürlich von den Medien beeinflussen, sei es durch das Fernsehen, das Radio, Youtube oder Facebook. Ich glaube, dass sich diese Frage gar nicht stellt. Medien fungieren auf jeden Fall auch als Erzieher. Die entscheidende Frage ist doch, ob wir einen gesellschaftlichen Konsens darüber haben, wie diese Bildung denn auszusehen hat. Den haben wir nämlich nicht, was ich aber nicht schlimm finde, denn eine solche Pluralität, wie wir sie haben, finde ich eigentlich gut. Meine Aufgabe als Lehrer besteht darin, dass ich den Kindern und Jugendlichen vermittele, wie sie sich in dieser Medienwelt orientieren können. Als Beispiel: Ich mache derzeit mit einer Achter-Klasse ein Zeitschriftenprojekt. Dabei schauen wir uns an, wie eine Zeitschrift entsteht, wie sie in den Handel kommt und welche verschiedenen Zeitschriften es gibt. Auf diese Weise wollen wir den Jugendlichen helfen, sich zu orientieren, sodass sie selber darüber entscheiden können, ob sie den *Stern*, *Spiegel*, *Focus* oder die *Bravo* oder was auch immer lesen möchten. Die Schüler wissen aber dann, warum sie das lesen, wie sie die Informationen, die dort drin stehen, zu bewerten haben, wie die Zeitschrift entsteht und warum die schreiben, was sie schreiben und welchen wirtschaftlichen Hintergrund die Zeitschrift hat. In diesem Fall biete ich Orientierung an und ich glaube, das ist wichtiger als die Zeitschriften und Medien einfach nur als Teil der Bildungslandschaft zu bezeichnen, denn das sind sie, meiner Meinung nach, ja ohnehin.

Wie könnte Ihrer Meinung nach ein typischer Bildungsprozess 2050 aussehen? Welche Rolle wird die Schule künftig spielen?

Marco Fileccia: Sie wissen ja: Das erste, was man beispielsweise einem Politiker in einem Kommunikationstraining beibringt, ist nie auf spekulative Fragen zu antworten. Aber ich bin ja kein Politiker, von daher kann ich das ja ruhig tun (lacht). Das ist eine gute Frage, ich glaube, dass man Pädagogen und Journalisten immer brauchen wird. Das sind zwei Gruppen, die von Berufs wegen die Welt erklären. Und ich bin auch der Ansicht, dass sich die Basic-Skills, die gute Pädagogen und Journalisten brauchen, sich nicht grundlegend verändern werden. Aber was sich verändern wird, das ist natürlich die Technik. Diesbezüglich wird es in der Zukunft vielleicht etwas geben, das eine andere Dynamik, Geschwindigkeit und andere Möglichkeit bietet. Es ist ja nicht abzusehen, wohin die technische Entwicklung geht, aber die technische Software und die Modelle funktionieren nicht ohne den Menschen. Ich glaube also nicht, dass man in der Zukunft beispielsweise einer Maschine ein paar Stichworte geben kann und diese ist dann in der Lage dazu, daraus einen spannenden Zeitungsartikel zu schreiben. Genauso wenig glaube ich, dass es Maschinen geben wird, die unsere Kinder erziehen können. Abgesehen davon, wäre ich dann auch arbeitslos, wobei das 2050 nicht mehr das große Problem sein dürfte (lacht).

3 Interview mit Dr. Martin Bernhofer, Leiter Hauptabteilung „Bildung, Wissenschaft, Gesellschaft" der ORF-Radios

In Ihrem Aufsatz „Pädagogik und Journalismus: Neue Allianzen?" von 2003 schreiben Sie, dass zum einen Journalisten künftig pädagogische Aufgaben, wie das Selektieren von Informationen, das Schaffen von Wissensgrundlagen und die Förderung von Reflexion übernehmen könnten und zum anderen könnte es für Pädagogen, vor allem für Lehrer, künftig wichtig sein, journalistische Aufgaben wie Recherche, Redaktion, Herausgabe und Kommunikation von Moderationsprozessen zu übernehmen.
Gibt es Praxisbeispiele, in denen diese Verschmelzung journalistischer und pädagogischer Aufgaben sichtbar wird?

Dr. Martin Bernhofer: Generell ist der Trend zu beobachten, dass im Bereich Journalismus und Pädagogik neue „Vermittlungs-Partnerschaften" entstehen. Ein Referenzprojekt ist die Aktion „Ö1 macht Schule" - eine Kooperation von Radio Österreich 1, dem österreichischen Unterrichtsministerium und der pädagogischen Hochschule Wien. Ö1 stellt im Rahmen dieses Vermittlungsprogramms ausgewählte Sendungen als Unterrichtsmaterial für die neunte bis zur 13. Schulstufe zur Verfügung (z.B. „Der globale Islam", „Die Geschichte der Radioaktivität"). Das Angebot umfasst derzeit mehr als 50 Unterrichtspakete. Das Projekt ist als Spezialangebot in die Ö1 Website integriert (oe1.orf.at/schule), die ausgewählten Sendungen sind kostenfrei als Download zugänglich. Von Didaktikexpert/innen werden Fragen und Aufgaben zu den ausgewählten Sendungsinhalten für den Unterricht oder zum Selbststudium entwickelt. Fallweise sind auch die Sendungsgestalter an der Erarbeitung des didaktischen Begleitmaterials beteiligt und bringen vertiefende Rechercheergebnisse aus ihrer journalistischen Vorbereitung in das Projekt ein. Die Materialien werden als Unterrichtsbehelf zum Download und Ausdruck angeboten. Zur Vorbereitung und begleitend werden an der Pädagogischen Hochschule Wien Einführungs- und Fortbildungsseminare für Lehrer/innen angeboten. Dabei geht es nicht nur um die Frage, wie einzelne Sendungen und journalistische Beiträge effektiv im Unterricht genutzt werden können, sondern ebenso um Fragen des Recherchierens, der journalistischen bzw. didaktischen Aufbereitung von aktuellen Inhalten (das Verhältnis von Mediendramaturgie und „Unterrichts-Dramaturgie"), um die Didaktik des Hörens und das Phänomen Stimme. Ziel und Wirkung dieses Projektes ist es, die journalistische Recherche und Aufbereitung von Inhalten transparent zu machen und im Kontext mit didaktischen Fragen des Schulunterrichts einer praxisorientierten Reflexion zu unterziehen. Die modulare

Erstellung von sendungsbasiertem Unterrichtsmaterial verbindet sich mit angewandter Medienpädagogik, die auch für Lehrende die Möglichkeit bietet, die Vermittlungsstrategien (Dramaturgie) journalistischer Produkte reflexiv in den Unterricht einzubeziehen. Umgekehrt ist die Verbindung zu einem solchen Projekt auch für Sendungsgestalter eine interessante Option, ihre Arbeit in einem pädagogischen Kontext zu platzieren und neue Ansätze der Aufbereitung und Kontextualisierung für verschiedene Zielgruppen zu schärfen.

Laut Hörst Pöttker hat der Journalismus in erster Linie die Aufgabe, Öffentlichkeit herzustellen. Der Auftrag der Pädagogik besteht vor allem darin, den Menschen zu Selbstbestimmung und Mündigkeit zu erziehen, damit er, um mit den Worten von Immanuel Kant zu sprechen, „wie ein frei handelndes Wesen leben könne".
Gibt es Berührungspunkte der beiden Systeme hinsichtlich ihres gesellschaftlichen Auftrages?

Dr. Martin Bernhofer: Mit der Anbindung des persönlichen Computers an das Internet und der medientechnologischen Verbindung privater Kommunikation mit Medienkonsum bzw. der medialen Interaktion in Anwendungen der „Social Media" verschwimmen physisch sichtbare Grenzen zwischen öffentlich und privat. Computer, Laptops und Smartphones, mit denen persönliche E-Mails ausgetauscht werden, sind Teil der Privatsphäre. Als Webplattform können sie - auf demselben Gerät und teilweise mit denselben Programmen - zum öffentlichen Bereich gehören. Journalismus ist nicht nur in der Recherche und Berichterstattung mit diesen neuen Varianten und Abstufungen von Öffentlichkeit konfrontiert. Die Verbreitung medialer Inhalte in verschiedenen Kanälen und zeitlichen Abstufungen, die unterschiedlichen Nutzungsbedingungen und Abrufmöglichkeiten werfen die Frage auf, auf welche Form(en) von Öffentlichkeit sich journalistische Arbeit bezieht.
Die demokratiepolitisch wesentliche Funktion des Journalismus, Öffentlichkeit herzustellen, muss deshalb an die Dynamiken des Medienwandels angepasst und in neue Situationen der Mediennutzung übersetzt werden. Das Nebeneinander und die Konkurrenz (massenmedialer) journalistischer Vermittlung mit Informationstausch und Kommunikation in Foren und sozialen Netzwerken setzen die traditionellen Stärken des Qualitätsjournalismus aber keineswegs außer Kraft. Ob in Print, Radio, Fernsehen oder im Online-Journalismus: Überprüfung der Quellen, Genauigkeit und Gründlichkeit der Recherche sowie Kontextualisierung der Information werden wichtiger denn je als verlässliche Informations-Grundlage für (demokratiepo-

litisch) wichtige Themen, über die sich eine Gesellschaft öffentlich zu verständigen hat. In diesem Zusammenhang ist auch die Gatekeeper-Funktion des Journalismus aktueller denn je. Die Herausforderungen der „digitalen Gesellschaft" erhalten in der öffentlichen Diskussion ein immer größeres Gewicht (z.B. was Fragen der „Privacy", der Datensicherheit, aber auch des Zugangs zu verlässlichen Informationen betrifft). Damit wird das pädagogische Anliegen der Mündigkeit und reflektierten Selbstbestimmung zunehmend auf Fragen der Mediennutzung und des kompetenten, kritischen Mediengebrauchs projiziert. Journalismus hat auch für diesen Prozess Öffentlichkeit herzustellen.

Die Massenmedien haben eine Institutionalisierung von Öffentlichkeit ermöglicht. Öffentliche Kommunikation wurde mit massenmedial vermittelter Kommunikation gleichgesetzt. In der Netzwerkgesellschaft spielen neue Formen der – medial vermittelten – Kommunikation und Interaktion eine immer wichtigere Rolle. Neue Suböffentlichkeiten und „kleine Interaktionsöffentlichkeiten" (Jürgen Gerhards) treten in Konkurrenz zur massenmedialen Öffentlichkeit, stellen teilweise ein Korrektiv dazu dar und werden für die Generierung öffentlicher Meinungen künftig eine immer wichtigere Rolle spielen.

Auf dem Kongress des Deutschen Fachjournalisten-Verbandes 2006 wurde in einer Experten-Runde das Thema „Journalismus als Bildungsinstanz – Bildung als Berichterstattungsfeld?" diskutiert.
Auf welche Art und Weise könnte der Journalismus als Bildungsinstanz neben dem Elternhaus und der Schule agieren?
Welches journalistische Medium (Zeitung, Zeitschrift, Magazin, Fernsehen, Radio oder Online-Portal) halten Sie für am ehesten geeignet, um Bildung zu vermitteln?

Dr. Martin Bernhofer: Journalismus tritt nicht selbst als Bildungsinstanz auf, sondern kann Bildungsprozesse initiieren, vermitteln und kritisch begleiten. Ein wichtiger Faktor dafür ist es, niederschwellige Einstiege anzubieten und vielfältige Zugänge zu neuem Wissen zu erschließen. Der Prozess der Informationssuche, der Überprüfung von Informationen und ihrer Einordnung ist ein Modell für die Aneignung von neuem Wissen. Wenn Journalisten, dramaturgisch verpackt, nicht nur ihre eigene Neugier und Spannung vermitteln, sondern auch zeigen, welche Irrtümer, Missverständnisse und Umwege es auf dem Weg zu neuem Wissen gibt, erfüllen sie damit auch eine pädagogische Funktion: Guter Bildungsjournalismus stellt Wissen nicht als fertiges Produkt und leicht konsumierbare Ware dar, sondern ermutigt dazu, die eigenen Fähigkeiten und Kompetenzen auf dem „Bildungs-Weg" zu nutzen und neue Sichtweisen zu entwickeln. Voraussetzung dafür ist eine Vielfalt von Formaten in Qualitätsmedien, von aktueller Kurzinformation bis hin zu längeren, „erzählenden" Beitragsformen und Features. Radio erscheint aus dieser Sicht als Bildungsmedium besonders geeignet, da es sehr stark auf Gespräche setzt und in längeren Formaten interdisziplinär die Stärken „informeller Bildung" anschaulich macht.

Die neuen Medien, allen voran das Internet, verändern die tägliche Kommunikation und beschleunigen unseren Alltag. Immer jüngere Kinder sind immer länger online. Laut der von der Europäischen Kommission vorgestellten Studie „EUKidsOnline" verfügten in Deutschland 2010 55 Prozent der Kinder über einen eigenen Internetzugang in ihrem Kinderzimmer.
Welche positiven und negativen Auswirkungen kann die erhöhte Nutzung von Medien in jungen Jahren auf die Sozialisation der Kinder haben? Welche pädagogischen Aufgaben ergeben sich aus dieser Entwicklung?

Dr. Martin Bernhofer: Die frühzeitige Integration neuer Medientechnologien in den Alltag von Kindern ist eine medienpädagogische Herausforderung. Die meisten Eltern stammen noch aus der Generation der „Digital Immigrants". Ihre Kinder, die als „Digital Natives" heranwachsen, haben einen viel selbstverständlicheren Umgang mit neuen Informations- und Kommunikationsmedien. Positiv daran ist, dass sie die damit verbundenen Gestaltungsmöglichkeiten früh erlernen und technisch kompetenter damit umgehen. Sie werden immer früher zu Bewohnern einer digitalen Welt, aus der es kaum mehr Ausstiegsszenarien gibt. Sie sind aber auch frühzeitig einem (sozialen, ökonomischen) Anschlusszwang und Konsumdruck ausgesetzt. Neben der technischen Versiertheit in der Handhabung der neuen „Tools" ist auch ein kritischer Umgang damit zu erlernen. Das rechtzeitige Erkennen von Missbrauchs- und Manipulationsmöglichkeiten setzt Kompetenzen voraus, die zielgruppenadäquat vermittelt werden müssen. Eine wesentliche pädagogische Herausforderung, die damit verbunden ist, liegt darin, dass durch die große technologische Dynamik und die rasche Durchdringung des Lebens mit digitalen Medien jede Form der Bewahr-Pädagogik a priori auf verlorenem Boden steht und eine aktive, medienkundige Begleitung und pädagogische Reflexion von einer Kluft der Mediengenerationen erschwert wird.

Die zunehmende Verlagerung der Berichterstattung ins Internet hat enorme Auswirkungen auf den Nachrichtenjournalismus. Redakteure und Leser stehen via Internetfo-

ren und darin integrierten Kommentarfunktionen in direktem Austausch. Text-, Bild- und Videoelemente können zu einem multimedialen Beitrag miteinander kombiniert werden.

Welche Kompetenzen werden mit der Zunahme an online-basierenden Inhalten im Journalismus wichtig?

Dr. Martin Bernhofer: Die zeitliche Hierarchie der Nachrichtenproduktion hat sich verändert: Online rangiert in der Aktualität vor Print, aber auch vor Radio und Fernsehen. Die Angebote werden neu aufeinander abgestimmt, ob in Verlagshäusern oder im öffentlich-rechtlichen Rundfunk. Dabei kommt es auch zu neuen Konkurrenzsituationen und einem Wettbewerb nicht nur zwischen, sondern auch innerhalb von Medien und Redaktionen. Bimediales, fallweise auch trimediales Arbeiten wird zunehmend von Journalist/innen verlangt, oder rückt als berufliche Perspektive in greifbare Nähe. Journalistische Aus- und Weiterbildungsangebote reagieren bereits darauf und räumen dem Online-Journalismus einen größeren Stellenwert ein. Produktionsdruck, der journalistisches Arbeiten immer geprägt hat, wird noch größer. Maßnahmen zur Kostensenkung und Veränderungen im „Workflow" vergrößern den Druck auf die einzelnen Mitarbeiter/innen. Damit wächst auch die Versuchung, möglichst rasch mit einem aktuellen, häufig nur auf Agenturmeldungen basierenden Beitrag online zu gehen, auch wenn die journalistische Überprüfung der Quelle(n) und der „Re-Check" der Nachricht noch nicht abgeschlossen ist. In Verbindung mit der Qualifikation, unterschiedliche Ausspielformen, Formate und mediale Gestaltungsformen zu beherrschen, wird deshalb die journalistische Fähigkeit, Quellen zu bewerten, Informationen zu überprüfen und sich ein eigenes Bild zu machen zu einer Kompetenz, die unter Druck gerät.

Qualitätsjournalismus bleibt auch in multimedialen Ausspielformen ein unverzichtbares Unterscheidungsmerkmal für die Glaubwürdigkeit und damit für dauerhaften Erfolg. Eine wesentliche Voraussetzung dafür ist eine journalistische Distanz als Grundhaltung, basierend auf gründlicher Recherche, Wissen und Erfahrung. Persönliche Kompetenzen allein reichen aber nicht aus. Es müssen auch geeignete redaktionelle Voraussetzungen, Rahmenbedingungen und Ressourcen garantiert werden.

Dazu kommt, dass Online-Medien durch Foren und Kommentare unmittelbarere Feedback-Mechanismen eröffnen. Der britische *Guardian* ist in einem Pilotprojekt so weit gegangen, für die nächste Ausgabe geplante Themen der einzelnen Ressorts online zu stellen und die Leser/innen/User/innen zu Kommentaren und Anregungen einzuladen. Mehr Transparenz, Informationsgewinnung durch „Crowd-Sourcing", aber auch „Leser-Bindung" mittels Partizipation sollen das Angebot attraktiver und zeitgemäßer machen. Sie erfordern aber auch mehr Kommunikation und damit Zeit von Seiten der Journalisten, das Zeitbudget für redaktionelle Tätigkeiten wächst aber nicht mit.

Eine wesentliche Kompetenz wird es deshalb sein, journalistische Beiträge für unterschiedliche Formate und (multimediale) Ausspielwege zu konzipieren, die Produktion darauf abzustellen, den damit verbundenen Zeitdruck zu bewältigen, und die Kommunikation in Foren bzw. sozialen Medien begleitend wahrzunehmen und zu reflektieren – ohne dadurch an journalistischer Gründlichkeit und Genauigkeit einzubüßen. Journalisten werden so immer mehr zu Kommunikationsmanagern komplexer werdender Aufgabengebiete.

Ein charakteristisches Merkmal der Globalisierung ist die Entgrenzung sozialer Systeme. In der Wissensgesellschaft betrifft dieses Phänomen sowohl den Journalismus, der aufgrund der Verfügbarkeit einer schier endlosen Menge an Informationen und Wissensbeständen den Verlust seines Informationsmonopols erfährt, als auch die Pädagogik, die aufgrund der wachsenden Universalisierung des Pädagogischen dadurch gekennzeichnet ist, dass Pädagogik längst nicht mehr nur in den traditionellen Bildungsanstalten stattfindet.
Wie müssen die beiden Systeme auf die jeweilige Entgrenzung reagieren, damit sie weiterhin ihrem Anspruch an Professionalität und Qualität gerecht werden können und nicht eines Tages – überspitzt formuliert – überflüssig werden?

Dr. Martin Bernhofer: Der Journalismus durch publizistische Vielfalt und Pluralität, in der sich die Stärken der Massenmedien mit den Kommunikationschancen sozialer Netzwerke verbinden. Die Pädagogik durch die stärkere Gewichtung des „informellen Lernens", das auf Medien als Vermittlungs-Partner zurückgreift.

Neben der Herstellung von Öffentlichkeit ist es zudem die Aufgabe des Journalismus, Orientierung zu liefern. Die Pädagogik leistet ebenfalls Orientierung, indem sie dem Menschen Bildung zukommen lässt.
Inwiefern sind diese Orientierungsleistungen angesichts der enormen Vielfalt an Informationen und Wissen in der Wissensgesellschaft gefährdet?

Dr. Martin Bernhofer: Die „Wissensgesellschaft" – sofern sie überhaupt mehr ist als ein Postulat – besteht nicht etwa aus lauter Wissenden, sondern aus Orientierung suchenden

Menschen. Die mit digitalen Medien verbundene Zunahme der Informations- und Kommunikationsmöglichkeiten führt zu einer immer größeren Fülle an Eindrücken, Tönen, Zahlen und Bildern. Informationspartikel werden zwar oft unter dem Stichwort „Nachricht" konsumiert, machen es aber schwer, in der großen Datenfülle Zusammenhänge zu erkennen. Das wachsende Bedürfnis nach einem (Bildungs-)Kanon ist auch eine Reaktion auf die immer vielfältiger und unübersichtlicher werdende Informationslandschaft, für die das Internet das neue Leitmedium geworden ist.

Disparate Wissensbestände zu überblickbaren Einheiten zusammenfügen zu können, setzt die Fähigkeit zur Selektion und Bewertung nützlicher Informationen voraus. Eine journalistische Technik, die auch in der Pädagogik immer wichtiger wird. Nicht das Finden von Information (diese ist im Überfluss vorhanden), sondern die Fähigkeit, Fragen zu stellen und Kriterien für die Informationssuche zu entwickeln (bzw. diese transparent zu machen) ist Grundlage der Orientierung. Die Berufung auf Informationsmonopole und Traditionen der Wissensvermittlung führt in die Sackgasse. Pädagogik und Journalismus stehen – als heimliche Verbündete – vor einer ähnlichen Herausforderung: den Prozess der Informationsselektion selbst professionell zu bewältigen, sich auf ihre Kerntugenden zu besinnen und Angebote zu entwickeln, die ihre Nutzer/User befähigen, sich in den unübersichtlicher werdenden Informations-Umgebungen selbstbewusst zu behaupten.

Ein Bestandteil meines Buches ist die Erstellung eines Drei-Phasen-Modells der Bildung (angelehnt an das Modell von Daniel Bell, der damit drei gesellschaftliche Phasen unterschied). In der letzten Phase dieses Modells möchte ich eine Prognose darüber treffen, welchen Charakter Bildung in der Zukunft haben und wie sie ablaufen könnte. Daher habe ich in einem anderen Interview eine Bildungsjournalistin gefragt, wie denn ein typischer Bildungsprozess 2050 aussehen könnte.
Wie schätzen Sie die Zukunft der beiden Systeme Pädagogik und Journalismus ein?
Halten Sie es für realistisch, dass angesichts der Entgrenzung beider Systeme, Allianzen zwischen Journalismus und Pädagogik nicht nur hinsichtlich von Arbeitstechniken sondern auch in Bezug auf Bildungs- und Orientierungsleistungen möglich, oder sogar notwendig werden?

Dr. Martin Bernhofer: Die Zukunft könnte in einer „Ko-Evolution" von Journalismus und Pädagogik liegen. Pädagogische Prozesse sind zunehmend mediengestützt. Medien sind der entscheidende Faktor für das Erschließen, die Aufnahme und das Abspeichern von Wissen geworden. Sie sind nicht nur ein (Rück-)Kanal, sondern ein Katalysator. Sie bedingen den Rahmen, bestimmen die Formate und haben maßgeblichen Einfluss auf die Resultate und die Wahrnehmung von Wissen in der Gesellschaft. Die Rollenbilder verändern sich in diesem Zusammenhang:

Pädagogen sind weniger als „Wissensvermittler", sondern als Moderatoren und „Coaches" von - permanent aktualisierbar – Bildungsprozessen gefragt. Das Lernen in der Netzwerkgesellschaft erfordert und fördert kooperative Formen der Informationssuche und Wissensgewinnung. „Information über Informationen" wird zu einem bestimmenden Faktor. Journalisten sehen ihre Informationskompetenz nicht auf mediale Arbeitstechniken beschränkt. Journalismus – ob in öffentlich-rechtlichen Sendern – oder anderen Qualitätsmedien – ist ein immer wichtiger werdender Faktor dafür, Wissen in gesellschaftliche Zusammenhänge einzubetten und eine Plattform für die öffentliche Diskussion darüber anzubieten.

Beide Systeme – Journalismus und Pädagogik – werden auch weiterhin ihren eigenen Gesetzmäßigkeiten entsprechen (müssen). Weder die Verschulung des Journalismus, noch die totale, technikgestützte Medialisierung der Pädagogik (samt „Quotendruck") sind eine wünschenswerte Perspektive. Sinnvoll wäre es aber, neue Brücken zwischen beiden Bereichen zu bauen – in der medialen und pädagogischen Ausbildung, der Entwicklung von Medienkompetenz, der Schärfung journalistischer Bildungsziele und Vermittlungstechniken, der wechselseitigen Einbeziehung von Expertise, der Entwicklung neuer Lehr- und Vermittlungsangebote etc. Eine „Ko-Evolution", die dann aber auch Bildungs- und Medienpolitik als gemeinsames gesellschaftliches Anliegen wahrnehmen und entsprechend neu gestalten müsste.